Carsten Bothe

MEINE 50 ULTIMATIVEN DUTCH-OVEN-REZEPTE

HEEL

HEEL Verlag GmbH
Gut Pottscheidt
53639 Königswinter
Tel.: 02223 9230-0
Fax: 02223 9230-13
E-Mail: info@heel-verlag.de
www.heel-verlag.de

Autor: Carsten Bothe (www.carstenbothe.de)
Satz und Gestaltung: gb-s Mediendesign, Königswinter
Coverdesign: Axel Mertens, Königswinter
Projektleitung: Helge Wittkopp

Folgt gerne auch dem
Heel Verlag unter

www.instagram.com/heelverlag

www.facebook.com/heelverlag

www.youtube.com/heelverlag

@heelverlag

Fotos:
© Sandra Then-Friedrich, Bonn: U 1 Portrait; U 1 u. l.; U 4 u. 2. Bild v. r.; S. 6/7; S. 23; S. 26–29; S. 33–37; S. 43; S. 51; S. 57; S. 63; S. 77–79; S. 83; S. 87–89; S. 93; S. 99; S. 103; S. 107; S. 115–121; S. 125
© Philipp Hympendahl, Düsseldorf: U 1 u. M.; U 1 u. l.; U 1 u. r.; U 4 u. r.; S. 4/5; S. 9; S. 11–21; S. 25; S. 31; S. 39; S. 49; S. 49; S. 55; S. 61; S. 65–73; S. 81; S. 91; S. 95–97; S. 105; S. 113; S. 127
© Carsten Bothe, Bockenem: S. 85; S. 111
© Kais Bodensieck, Hildesheim: S. 109
© stock.adobe.com: Julia Ahanova (S. 41); Fischer Food Design (S. 45, S. 53); FomaA (U 4 u. 2. Bild v. l.; S. 47); fahrwasser (S. 59); Nataliia Pyzhova (S. 75); The Picture Pantry (S. 101); Itummy (S. 123)
© Library of Congress, USA: S. 8

Videos
Bei einiges Rezepten finden Sie Videos, in denen
Carsten Bothe das jeweilige Gericht zubereitet und weitere Hinweise und Tipps gibt.

Printed in Slovenia
ISBN: 978-3-96664-738-0

CARSTEN BOTHE

MEINE 50 ULTIMATIVEN DUTCH OVEN REZEPTE

HEEL

INHALT

VORWORT

Liebe Leser,

jeder kennt doch diese Kochbücher mit 500 Rezepten, die niemand nachkocht und deren exotische Zutaten auch kaum jemand zu Hause hat. Da wünscht man sich doch ein Buch, in dem nur die Highlights stehen, die auch funktionieren. Alltagsküche eben, einfach und lecker. Genau das ist die Idee dieses Buches.

Das Schöne am Dutch Oven ist, dass man ihn überall aufstellen kann, nicht nur dort, wo offenes Feuer erlaubt ist. Auch Grillplätze sind geeignet, wenn man den Dutch Oven nicht mit der Glut des Lagerfeuers, sondern mit Grillbriketts beheizt. Auch die Auswahl an Gerichten, die man im Dutch Oven zubereiten kann, ist weitaus vielfältiger als beispielsweise beim Grillen. Wenn sich Freunde nach einem Wandertag an einer Feuerstelle oder einfach nur auf der Terrasse treffen und jeder seinen Dutch Oven auf die Glut stellt, dann kann man sicher sein, dass es garantiert gemütlich wird.

Hier habe ich für die Leser meine Rezepte zusammengestellt, die ich selbst gerne koche, die ich empfehlen kann und die bei mir zur täglichen Küche gehören.

Als ich Ende der 90er-Jahre den Dutch Oven nach Deutschland brachte, gab es nur amerikanische Gerichte, die hauptsächlich aus Hackfleisch bestanden, mit Fertigsuppen angereichert und dann zu Brei gekocht wurden. Schon damals war mir klar, dass der Dutch Oven in Deutschland nur dann einen Siegeszug antreten kann, wenn es auch Rezepte gibt, die den hiesigen Essgewohnheiten entsprechen. Viele dieser Rezepte stammen noch aus dieser Zeit und sind quasi Klassiker.

Der Umgang mit dem Dutch Oven ist in einem eigenen Kapitel zusammengefasst, so dass auch hier keine Fragen offen bleiben.

Ich wünsche Ihnen viel Freude mit dem Buch und guten Appetit beim Nachkochen!

Herzlichst, Ihr

Carsten Bothe

DIE GESCHICHTE DES DUTCH OVENS

Um den Dutch Oven ranken sich viele Mythen. Dieser berühmte gusseiserne Topf mit drei Füßen und einem Rand am Deckel, der verhindert, dass Glut und Asche in den Topf fallen. Diese Töpfe gibt es schon lange, mindestens seit dem Mittelalter, damals allerdings noch aus Messing oder Bronze, denn Eisen konnte man erst seit etwa 1800 gießen.

Der Dutch Oven begleitet die Amerikaner bereits seit Jahrhunderten und wird in historischen Erzählungen immer wieder als das wichtigste Utensil der großen Trecks beschrieben, die sich im frühen 18. Jahrhundert Richtung Westen bewegten. Hausierer sorgten damals für ihre Verbreitung. Sie entstammten der Siedlergruppe, die man „Pennsylvania Dutch" nannte. „Dutch" heißt übersetzt eigentlich „holländisch", jedoch weiß man heute, dass die Siedler Ohios und Pennsylvanias deutschen Ursprungs waren. Die Lautverwandtschaft zwischen „Dutch" und „Deutsch" scheint zu einem Missverständnis geführt zu haben, das bis heute nicht eindeutig geklärt werden konnte.

Die Dutch Oven wurden in den „Chuckwagons" gelagert, den Küchenwagen, die die großen Trecks und Viehtriebe begleiteten. Viele kennen die Chuckwagons und auch die Dutch Oven aus den Filmen über das Leben der Cowboys. In den Dutch Oven wurden tatsächlich viele hungrige Cowboys bekocht.

Für alle, die einige Tage im Freien campen mussten, gab es eine leichtere Version aus Blech oder Aluminium. Aber diese Dutch Oven waren ungleich schwerer zu handhaben und nicht selten schmolz einem armen Cowboy der Aludeckel in die Bohnen, bevor diese gar waren. Zurück im Basislager oder auf der Ranch freute sich jeder Cowboy auf seinen Platz am Feuer und das Essen aus dem schweren Dutch Oven – und alle anderen warteten gespannt auf die ausgeschmückten Erzählungen seiner Erlebnisse, während man sich um das Feuer versammelte und aß.

Die Qualität des Kochens in den „Gusseisernen" ist in den USA noch heute so bekannt, dass es dort Restaurants im rustikalen Country-Stil gibt, in denen ausschließlich mit dem Dutch Oven gekocht wird. Außerdem gibt es Kochshows und Fernsehköche, die das Dutch-Oven-Cooking praktizieren. In Utah, wo auch die International Dutch Oven Society (IDOS) ihren Sitz hat, ermitteln die Outdoor-Köche sogar regelmäßig ihre Meister in einem großen Dutch-Oven-Kochduell.

Ca. 1880: Cowboys beim Essen in der Prärie; im Hintergrund ein Chuckwagon

MEINE GESCHICHTE MIT DEM DUTCH OVEN

Schon als Kind war ich fasziniert vom Leben im Freien, vom Lagerfeuer und von der Welt der Trapper. Mit den Jahren wuchs der Wunsch, das Land der unbegrenzten Möglichkeiten zu bereisen, den ich mir während meines Studiums endlich erfüllen konnte. Mit den Trappern auf die Jagd gehen, in den Weiten der Rocky Mountains am Feuer sitzen – das war es, was ich wollte. Und ein Dutch Oven gehört einfach dazu.

Meinen ersten schwarzen Topf kaufte ich im wilden Wyoming und brachte ihn im Handgepäck mit nach Deutschland. Ich besitze ihn noch heute. Und jedes Mal, wenn ich darin koche, schweifen meine Gedanken wieder über die Prärie und durch tief verschneite Wälder, zu Kojoten, Mardern, Bären und Elchen.

Durch meine Fachzeitschrift für Büchsenmacher und Waffenfachhändler besuchte ich einmal im Jahr die „Ambiente" in Frankfurt, die größte Konsumgütermesse der Welt. Ende der 90er-Jahre suchte ich diese Messe am letzten Tag auf und in einer der hinteren Hallen befand sich ein amerikanischer Gemeinschaftsstand. Dort saß Bob Kellerman, Chef von Lodge und Urenkel des Firmengründers, und hatte zwei Stunden vor Messeschluss noch kein Kundengespräch geführt. Aus dem Augenwinkel sah ich einen 10"-Dutch-Oven und sprach ihn an. Wir waren uns sofort sympathisch und handelseinig, und ich bekam das Muster gleich mit nach Hause. Wenige Wochen später kam die erste Palette mit Dutch Oven in Braunschweig an. Das Angebot in Deutschland wuchs stetig und irgendwann fragten die Kunden nach Rezepten. So kam 2002 das erste Dutch-Oven-Kochbuch in deutscher Sprache auf den Markt.

Mittlerweile gibt es die verschiedensten Anbieter von Dutch Oven, von unterirdisch bis Weltklasse, mal klassisch, mal Hightech. Kein richtiger Griller kommt heute mehr ohne Dutch Oven aus und so findet man die Töpfe auch in jedem Baumarkt oder Landhandel. Die Erfindung der Grillbriketts hat sicherlich einen großen Teil zur Beliebtheit beigetragen. Damit lassen sich die Töpfe ziemlich genau steuern und heizen. Außerdem steht das Heizmaterial schon nach einer halben Stunde im Anzündkamin zur Verfügung und nicht erst, nachdem man eine Schubkarre voll Holz in zwei Stunden verbrannt hat.

Mein alter Dutch Oven ist für mich nicht nur ein Kochgerät, sondern ein Freund, mit dem ich viele Abenteuer erlebt und viele Nächte am Lagerfeuer verbracht habe. Das macht den großen Reiz aus.

WAS BEDEUTEN DIE ZAHLEN AUF DEM DECKEL UND WELCHE GRÖSSE BRAUCHE ICH?

Bei den verschiedenen Marken und Herstellern haben sich unterschiedliche Zahlen auf den Deckeln als Größenbezeichnung durchgesetzt. Beginnen wir mit der ältesten Firma: Lodge bezeichnet die Töpfe mit einer gerundeten Zollangabe. Ein Zoll entspricht etwa 2,5 cm, ein 10"-Dutch-Oven hat also gerundet einen Durchmesser von 25 cm. Ein Lodge 12" tief hat einen Durchmesser von 30 cm und ein Fassungsvermögen von 7,9 Litern, randvoll gemessen. Die Deckel gibt es nur in einer Ausführung, so passen die 12"-Deckel sowohl auf die tiefe als auch auf die flache Version des Topfes. Die Firma Petromax geht einen anderen Weg und bezeichnet ihre Dutch Oven mit der gerundeten Zahl des Fassungsvermögens in Litern. Ein ft12 von Petromax entspricht also nicht dem 12"-Dutch-Oven von Lodge, sondern dem 14" tief. Aus diesem Grund sind die Tabellen für die Anzahl der Holzkohlebriketts nicht einfach übertragbar. Auch die Regel „Zahl auf dem Deckel entspricht der Anzahl der Kohlen" gilt hier nicht. Bei den afrikanischen Potjies entspricht die Zahl weder dem Durchmesser noch dem Inhalt. Man hat sich einfach Artikelnummern ausgedacht, eine Systematik steckt nicht dahinter.

Für Anfänger sollte der erste Topf nicht zu klein sein, denn auch wenn man zunächst nur für sich selbst kochen möchte, ist ein 8" einfach zu klein, um vernünftig zu backen oder einen Braten zuzubereiten. Aus Erfahrung kann ich sagen, dass von 100 verkauften Dutch Oven mindestens 90 die tiefe Version eines 12"-Topfes sind, der Rest verteilt sich auf die anderen Größen. Dieses Modell hat ein Fassungsvermögen von knapp 8 Litern, was für 8–9 Personen ausreicht. Aber auch für eine vierköpfige Familie ist diese Größe gut geeignet, denn da ein Dutch-Oven-Gericht meist etwas aufwendiger ist, sind die 8 Portionen so ausgelegt, dass man einmal davon isst und dann am nächsten Tag noch etwas aufwärmen kann – oder es kommen noch ein oder zwei Paare zum Essen und es gibt keine Reste. Mehr zur Mengenberechnung finden Sie ab Seite 26 im Kapitel „Überlegungen zur Speisenauswahl und Mengenberechnung".

Als Faustregel für die Wahl der Topfgröße gilt: Ein Liter Topfinhalt pro Person. Die Angabe des Topfvolumens bezieht sich immer auf einen randvollen Dutch Oven, aber randvolle Töpfe sind in der Praxis nicht praktikabel. Auch ein Liter Suppe oder Gulasch pro Person ist eher unrealistisch, denn 0,7 Liter Erbsensuppe sind schon viel – auch für eifrige Esser.

In Deutschland sind die tiefen Formen beliebter als die flachen, da hier mehr Eintöpfe gekocht werden. In den USA hingegen wird der Topf traditionell zum Backen verwendet. Flache Töpfe, vor allem die großen, sind für das Kochen von Eintöpfen nicht geeignet, da sie beim Transport leicht überschwappen oder sogar ganz umkippen und den Inhalt verschütten.

Bei den Rezepten haben wir jeweils das ungefähre Dutch-Oven-Volumen angegeben, mit dem das Gericht sicher gelingt. Dabei haben wir auf- beziehungsweise abgerundet, sodass Sie Ihren Dutch Oven unabhängig vom Hersteller einfach nutzen können. Falls ein flacher Dutch Oven benötigt wird, ist dies im Rezept angegeben.

Lodge	Petromax	Potjie
–	ft1 / 0,9 l	–
–	ft3 / 1,6 l	–
–	ft4,5 / 3,5 l	–
10" tief / 4,7 l	–	–
12" flach / 6,0 l	ft6 / 5,5 l	#2 / 6,0 l
12" tief / 7,9 l	ft9 / 7,5 l	# 3 / 7,8 l
14" tief / 10,0 l	ft12 / 10,8 l	# 4 / 9,3 l
–	ft18 / 16,1 l	# 8 / 18,5 l

CAMP CHEF
DELUXE
12
LODGE
10
EL FUEGO

KAUFBERATUNG

Grundsätzlich gibt es zwei Arten der Produktion: die industrielle Produktion und die Handarbeit. Bei der Handformerei, wie sie in Niedriglohnländern praktiziert wird, werden die Formen von Hand mit Formsand gefüllt und anschließend mit flüssigem Eisen aufgefüllt. Beim industriellen Gießen wird die Form maschinell mit Formsand gefüllt und ein Modell hineingedrückt. Dieser Rahmen besteht aus zwei Seiten, wobei eine Seite immer zur anderen Seite der benachbarten Form gehört. Die so zusammengefügten Formen fahren zur Gießstraße, werden gefüllt und nach dem Abkühlen ausgeformt und gerüttelt, um die Angüsse zu entfernen und den restlichen Formsand abzuschütteln. Nach einem Reinigungsbad mit Stahlkugeln oder Steinen werden die Töpfe kontrolliert und die Kanten gebrochen. Anschließend werden die Töpfe an ein Förderband gehängt, mit Sojaöl besprüht und in einem Industrieofen eingebrannt. Nach dem Abkühlen werden sie verpackt und verkauft.

Um die Qualität eines Dutch Ovens beurteilen zu können, gibt es grundsätzlich drei Dinge, auf die man achten sollte: Erstens die Gleichmäßigkeit des Gusses, insbesondere der Wandstärke, zweitens die Rauheit der Oberfläche und drittens die Passform des Deckels.

An der Gleichmäßigkeit der Wandstärke kann man erkennen, ob der Topf industriell gegossen wurde. Da Industrieformen mehrere zehntausend Euro kosten, kann man davon ausgehen, dass die Wandstärke gleichmäßig ist. Bei schlechten handgefertigten Töpfen kann die Wandstärke um mehrere Millimeter schwanken, was sich auch auf das Kochverhalten auswirkt. Eine glatte Oberfläche zeigt, dass der Hersteller feinen Sand verwendet und keine Lunker (Hohlräume) eingegossen hat. Eine glatte Oberfläche ist leichter zu reinigen und die Patina ist leichter zu pflegen. Bei einer glatten Oberfläche und gleichmäßigen Wandstärke kann man auch davon ausgehen, dass der Hersteller sauberes Eisenerz verwendet und während der Produktion Proben genommen hat. Bei handgefertigten Töpfen weiß man nicht, welche Automotoren und Schrottteile eingeschmolzen wurden.

Die vielen Hersteller, die sich inzwischen auf dem Markt tummeln, unterscheiden sich nicht nur im Preis und der Qualität, sondern leider auch darin, ob ihre Produkte überhaupt nutzbar sind. Einige funktionieren ganz gut, andere gar nicht, auch wenn sie wie ein Dutch Oven aussehen. Beim Deckel und dem Deckelschluss sieht man das am besten. Einige Deckel sind so konstruiert, dass sie in den Topf eingreifen und mit einem Teil über dem Topf herausragen. Andere liegen nur flach auf und besitzen eine nur wenige Millimeter starke Wulst, die verhindern soll, dass der Deckel zur Seite vom Topf rutscht. Wieder andere haben einen speziell geformten Deckel, der als Pfanne genutzt werden kann.

Der Sitz des Deckels sagt viel über die Qualität des Topfes aus. Wenn der Deckel klappert und ein paar Millimeter Spiel hat, kann es sein, dass der Deckel verzogen ist. Das kann man leicht testen, indem man den Deckel auf eine ebene Fläche legt - ein Ceranfeld auf dem Herd eignet sich gut - und prüft, ob der Deckel komplett aufliegt. Sie können den Deckel auch um 90° auf dem Topf drehen und prüfen, ob er immer noch klappert. Wenn ja, ist der Deckel verbogen. Klappert der Deckel immer an der gleichen Stelle auf dem Topf, egal wie man ihn dreht, dann ist der Topf nicht rund, sondern leicht oval und nicht mehr zu retten.

DEN DUTCH OVEN EINBRENNEN

Dutch Oven namhafter Hersteller sind in der Regel bereits ab Werk eingebrannt. Aber auch wer einen Dutch Oven besitzt, der nicht vorbehandelt wurde, kann ihn einfach ausspülen und kochen. Die Patina bildet sich von selbst. Man kann aber nachhelfen und ein sauber eingeölter, rabenschwarzer – eher Ferrari-Schwarz – Dutch Oven ist nun mal der Stolz eines jeden Outdoor-Kochs. Trotzdem sollte die Patina nicht überbewertet werden, denn eigentlich ist sie dadurch wertvoll, dass das Essen nicht anbrennt und sich Backwaren leichter aus dem Topf nehmen lassen. Wer ohnehin nur etwas Feuchtes kocht, wie ein Schichtfleisch oder ein Gulasch, der braucht überhaupt keine Patina, weil diese Gerichte nur dann anbrennen, wenn unten zu viele Kohlen genutzt werden.

Bei der Patina handelt es sich um das sogenannte Schwarzbrennen, bei dem Öl auf das erhitzte Eisen aufgetragen und eingebrannt wird. Dieses Verfahren wird seit Jahrtausenden in der Schmiedetechnik angewandt. Bei der Herstellung von Gusseisen wird es erst seit wenigen Jahren angewendet.

An der Unterseite des Deckels des Dutch Ovens bildet sich oft Flugrost und auch die Patina hält dort nicht besonders gut. Das liegt daran, dass der von den Speisen aufsteigende Wasserdampf oben am Deckel kondensiert, wenn keine Glut darauf liegt. Das ist normal, denn der Dampf wirkt wie ein Dampfreiniger und entfernt das Fett. In diesem Fall brauchen Sie sich nicht die Mühe zu machen, den Deckel neu einzubrennen, sondern Sie entfernen die rote Schicht mit heißem Wasser und einem Stahlschwamm, trocknen den Deckel ab und fetten ihn mit etwas Öl ein.

Auch die Patina auf der Innenseite des Topfes verändert sich durch die Speisen, die darin zubereitet werden. Gerichte mit Tomaten oder Essig lösen durch ihre Säure die Fettschicht auf und die Patina erscheint heller, gräulicher. Dies ändert sich jedoch nach der nächsten fettreichen Speise, die zum Beispiel ein Krustenbraten sein kann.

So geht das Einbrennen:

1. Waschen Sie den Dutch Oven mit heißem Wasser aus, bis das Eisen die Temperatur des Wassers angenommen hat.
2. Reiben Sie den Topf von innen mit einer Pflegepaste, oder einfachem Kokosfett, ein.
3. Stellen Sie den Topf mit den Beinen nach oben, und dem Deckel auf den Beinen, auf ein großes Stück Alufolie in den Backofen oder in einen Gas- oder Kugelgrill.
4. Heizen Sie den Backofen bzw. den Grill mit der größtmöglichen Hitze und erhitzen Sie den Topf 1 Stunde lang.
5. Lassen Sie den Topf im Ofen beziehungsweise im Grill auskühlen.
6. Sollte der Dutch Oven noch nicht rabenschwarz sein, dann wiederholen Sie die Schritte 2 bis 5, bis Sie das Ergebnis überzeugt.

HINWEIS:

Das Einbrennen stinkt fürchterlich und sollte nur im Ausnahmefall in der Wohnung im Backofen durchgeführt werden.

Ab Werk sauber eingebrannter Dutch Oven

Bei Flugrost muss der Dutch Oven nicht neu eingebrannt werden

ZUBEHÖR

Man kann ganz klassisch und einfach mit einem Dutch Oven mit 8-9 Litern anfangen. Damit lassen sich die meisten Rezepte schon einmal ausprobieren, so reicht die Größe beispielsweise für ein Brot für zwei Personen aus, aber auch ein Schichtfleisch für 6-8 Personen ist möglich.
Alle anderen Utensilien können zunächst improvisiert werden, wobei ein gut funktionierender Deckelheber nicht zu ersetzen ist.

Deckelheber

Der zweite Punkt auf der Beschaffungsliste nach dem Dutch Oven ist ein Deckelheber. Einfache Modelle, bei denen sich der Deckel an einem Haken mit Querstange von selbst festklemmt, sind gut. Noch besser sind professionelle Deckelheber, bei denen man den Deckel durch Zusammendrücken des Griffs festklemmen kann. Damit kann man den Deckel so weit drehen, dass man die Glut vollständig abschütteln kann. Extrem kurze Deckelheber sind dagegen unbrauchbar, weil man mit der Hand so nah an die Glut kommt, dass man sich die Finger verbrennt.

Kohlezange

Wenn Sie den Dutch Oven mit Grillbriketts befeuern wollen, ist eine Kohlezange aus Metall Nummer drei auf der Beschaffungsliste. Damit lassen sich die einzelnen glühenden Briketts sehr präzise platzieren. Aus Blech gestanzte Modelle sind deutlich besser geeignet als aus Draht gebogene.

Handschuhe

Für den sicheren Umgang mit dem Dutch Oven sind hitzebeständige Handschuhe sehr hilfreich. Die Handschuhe können auch zum Anheben des Deckels und zum Auskippen der Glut verwendet werden. Achten Sie darauf, dass die Handschuhe immer groß genug sind, damit Sie sie schnell ausziehen können, falls die Hitze durchschlägt. Handschuhe sind Verbrauchsmaterial: Mit der Zeit schrumpft das Leder durch die Hitze und Feuchtigkeit und wird hart, so dass man die Finger kaum noch bewegen kann. Spätestens dann müssen sie entsorgt und durch neue ersetzt werden.

Schlesinger

Mit einem Schlesinger, auch Teigkarte oder Topfschaber genannt, können Sie den Inhalt des Dutch Ovens fast vollständig entfernen. Besonders wichtig, wenn Sie den Topf leeren und dann auswaschen wollen.

Anzündkamin

Für das Kochen mit dem Dutch Oven, aber auch für das Grillen im Allgemeinen, ist der Anzündkamin die wichtigste Errungenschaft nach der Erfindung des Feuers. Einfach die Briketts in den Anzündkamin schütten und einen Grillanzünder darunter legen. Nach 20 bis 40 Minuten ist der Inhalt durchgeglüht und es kann losgehen.

Einstichthermometer

Gerade als Anfänger und bei einem gewissen Warenwert wird man sich oft fragen, wie gar das Fleisch ist. Hier hilft ein einfaches Einstichthermometer. Kurz den Deckel öffnen, das Thermometer ins Fleisch stecken und schon wissen Sie, wie hoch die Kerntemperatur ist.

DIE ERSTEN SCHRITTE MIT DEM DUTCH OVEN

Sie sind stolzer Besitzer eines nagelneuen Dutch Ovens – was nun? Lassen Sie es ruhig angehen und waschen Sie den Topf mit heißem Wasser aus, um die Wachsschicht und eventuelle Produktionsrückstände zu entfernen. Wählen Sie für Ihren ersten Versuch ein einfaches Gericht, am besten eines, das Sie in Ihrer Küche bereits beherrschen.

Ein Chili oder ein Gulasch mit Baguette ist in der Regel vor der kalkulierten Zeit fertig und muss nur noch warm gehalten werden. Ein solches Gericht ist also ideal für den ersten Versuch. Bieten Sie Ihrer Familie am Anfang nicht zu viele und zu komplizierte Gerichte an.

Ein ehrliches Gulasch mit einem richtig guten Baguette oder französischem Landbrot vom Handwerksbäcker ist allemal besser als ein nicht richtig durchgegarter Braten mit zerkochtem Gemüse und zerfallenen Klößen.

Wichtig ist auch, sich bei den ersten Versuchen nicht unter Druck zu setzen und gleich zwölf Freunde zum Essen einzuladen. Kochen Sie erst einmal für die Familie und wecken Sie keine zu hohen Erwartungen. Wenn es nicht klappt, gibt es eben Tiefkühlpizza für die Kinder; wenn es klappt, umso besser. Und wenn die geplante Zeit nicht ausreicht und es länger dauert, dann gibt es eben eine Scheibe Brot zwischendurch. Erst wenn das

Rezept dreimal gut geklappt hat, sollte man Gäste einladen, denn niemand ist gerne ein Versuchskaninchen.

Trotz Probekochen sollten Sie die Töpfe immer richtig auslasten, also sollten Sie in einem 9-Liter-Dutch-Oven nicht nur 1 Liter Chili zubereiten. Das wäre Sparen am falschen Ende und schafft eher Probleme. Was übrigbleibt, frieren Sie in Portionen ein oder wärmen es am nächsten Tag noch einmal auf.

Der richtige Ablauf beim Kochen mit dem Dutch Oven ist sehr wichtig, denn das Anzünden der Grillbriketts dauert eine ganze Weile – zumindest länger als das Einschalten eines Gasgrills oder Elektroherdes. Bevor Sie irgendetwas anderes tun, sorgen Sie dafür, dass Ihr Brennmaterial zur Verfügung steht. Erst wenn der Anzündkamin brennt, sollten Sie sich an die Zubereitung des Garguts machen. Ein Anzündkamin braucht etwa 20 bis 40 Minuten, bis er richtig durchgeglüht ist, und dann braucht ein kalter 9-Liter-Dutch-Oven noch einmal mindestens 20 Minuten, bis der Inhalt kocht. Die Garzeit beginnt also etwa eine Stunde nach dem Anzünden des Streichholzes. Daher immer rechtzeitig anfangen, damit niemand hungrig auf das Essen warten muss. Das Warmhalten klappt mit dem Dutch Oven hervorragend – drei bis vier glühende Briketts unter den Topf und er bleibt 1 ½ Stunden warm.

WOMIT HEIZE ICH?

Immer wieder entspinnen sich lange Diskussionen über die richtigen Kohlen – und mit jeder neuen Sorte beginnt sie wieder von vorn. Wenn man bedenkt, dass der Dutch Oven in der Prärie mit getrockneten Büffelfladen beheizt wurde, fragt man sich, warum es bei industriell gefertigten Kohlebriketts so viele Diskussionen gibt. Es ist eigentlich ganz einfach, man muss sich nur einmal die Vor- und Nachteile verschiedener Heizmaterialien und die Herstellung der Kohlebriketts ansehen und das Abbrandverhalten verstehen.

Da ist zunächst die **Kohle aus dem Lagerfeuer**, die beim Abbrand von Hartholz entsteht. Die kirschgroßen glühenden Kohlestückchen fischt man mit einer Kohleschaufel aus dem Feuer und verteilt sie auf und unter dem Dutch Oven. Diese sind sehr heiß, allerdings nur etwa 15–20 Minuten, dann sind sie verglüht und müssen ersetzt werden. Zusätzlich wird die Hitzesteuerung dadurch erschwert, dass das Feuer meist neben dem Topf brennt und die Strahlungshitze den Topf von der Seite zusätzlich erhitzt. Das Kochen mit Lagerfeuer-Kohlen ist die Königsklasse und Sie sollten sich erst heranwagen, wenn Sie mit dem Dutch Oven schon einige Gerichte mit Holzkohlebriketts zubereitet haben.

Das Heizen mit handelsüblichen **Holzkohlestücken** hat sich nicht durchgesetzt, weil diese Stücke sehr ungleichmäßig sind und im Baumarkt neben jeder Palette mit Holzkohle eine Palette mit Holzkohlebriketts steht. Die Beschaffung von **Briketts** ist somit kein Problem und die Handhabung sehr viel einfacher. Das Problem für den Anfänger ist, dass Briketts verschiedener Hersteller alle gleich aussehen, preislich aber weit auseinanderliegen. Es kommt noch dazu, dass beispielsweise beim Discounter die Briketts nicht durchgängig von einem Lieferanten stammen, sondern von verschiedenen Herstellern. So kann es vorkommen, dass ein Sack Kohle ganz hervorragend ist und in derselben Filiale ein etwas später gekaufter Sack nur ungeeignete Kohle enthält.

Einer der ersten Hersteller, und der einzige in Deutschland, ist die Firma Profagus aus Bodenfelde im Solling, die die bekannten „Grillis" herstellt. Die Brenndauer erscheint auf den ersten Blick mit 90 Minuten sehr kurz, verglichen mit den als „long lasting" beworbenen Sorten. Dafür brennen sie aber auch extrem heiß. In einem Versuch mit „Grillis" gegen „Premium long lasting Briketts" aus **Braunkohlekoks** zeigte das Thermometer bei Long-Lasting-Briketts eine Innenraumtemperatur von nicht mehr als 150 °C, meist noch weniger, und bei den „Grillis" ist bei 300 °C das Thermometer ausgestiegen. Für eine Suppe mag die niedrige Temperatur noch ausreichen, bei einem Krustenbraten jedoch auf keinen Fall. Die lange Brenndauer ist nicht unbedingt ein Vorteil, da die meisten Gerichte nach 90 Minuten fertig sind.

Die fest gepressten Briketts aus **Bambus, Kokosnuss** oder anderen exotischen Rohstoffen haben sich beim Low & Slow im Kugelgrill durchgesetzt. Beim Einsatz am Dutch Oven haben sie sich nicht so bewährt, weil diese Briketts schwierig zu entzünden sind und dann auch nur an einige Stellen glimmen und sich dort das Feuer langsam weiterfrisst. Wenn Sie diese so lange im Anzündkamin belassen, bis sie vollständig durchgeglüht sind, dann haben die Kohlen nur noch eine restliche Brenndauer von 1,5 Stunden, sind dafür aber auch extrem heiß.

Im Prinzip können Sie einfach jede Kohle verwenden, die Sie gerade zu Hause haben, und loslegen. Ich empfehle aber „Grillis", denn darauf sind die folgenden Rezepte ausgelegt. Gerade als Anfänger sollten Sie möglichst viele Unwägbarkeiten ausschließen.

Von links nach rechts:
Braunkohlekoks;
Holzkohle mit sichtbaren Holzstückchen;
Kohle aus Kokosnussschalen

DIE TEMPERATURSTEUERUNG

Die Steuerung der Dutch-Oven-Temperatur kann zunächst abschreckend wirken und inzwischen gibt es sogar Smartphone-Apps, die die Anzahl der Kohlen oben und unten berechnen. Dabei ist es gar nicht kompliziert: Wasser wird nicht viel heißer als 100 °C und mehr als kochen kann es nicht, ganz gleich, wie viele Kohlen man zum Heizen darunterlegt. Außerdem sollten Sie bedenken, dass flüssige Speisen wie Gulasch oder Stew keine Oberhitze benötigen. Hier reicht es, dass Sie so viele Kohlen unter den Dutch Oven legen, bis Sie es ganz leise köcheln hören.

Für die Bedienung eines Dutch Ovens habe ich ein für jedes Modell einfach anzuwendendes System entwickelt, mit dem sich die Temperatur ganz leicht steuern lässt. Zunächst empfehle ich zum Befeuern die Grillis von Profagus, denn diese Briketts verbrennen in eineinhalb Stunden und geben dabei ihre komplette Energie ab. Über Briketts mit dem Hinweis „Long-Lasting“ haben wir bereits auf Seite 20 gesprochen. Das ist insofern wichtig, weil der Topf sonst zu wenig Hitze bekommt. Zwei Stunden bei 130 °C sind eben nicht dasselbe wie eine Stunde bei 260 °C - besonders dann nicht, wenn es darum geht, Gerichte zu überbacken oder eine Kruste zu erzeugen.

Das hier erklärte System funktioniert also nur mit Briketts, die in eineinhalb Stunden komplett verbrennen und dabei gleichmäßig ihre Energie abgeben. Nehmen Sie zunächst die noch nicht angezündeten Briketts und legen diese in einem engen Kranz innen an den Rand des Deckels und unter den Dutch Oven. Da der Boden schmaler ist, ergeben sich dort automatisch weniger Kohlen. Diese eng an eng geschichteten Kohlen ergeben eine **mittlere Hitze** im Dutch Oven. Entfernen Sie jede zweite Kohle und Sie erhalten **wenig Hitze**, und wenn Sie einen halben Ring dazulegen, haben Sie **starke Hitze** im Dutch Oven.

Das beschriebene Auslegen der Kohlen ist nur zum Zählen gedacht, wenn die Kohlen durchgeglüht sind, verteilen Sie diese gleichmäßig auf dem Deckel und unter dem Topf. Mit dieser Methode können Sie jeden Dutch Oven, gleich welcher Marke, mit drei unterschiedlichen Temperaturen betreiben.

Zum **Überbacken** nehmen Sie die Kohlen von unten weg und legen sie mit auf den Deckel. Das Überbacken funktioniert am besten, wenn Sie so viele Kohlen auf den Deckel legen, wie dort in einer Schicht liegen können.

Wenn Sie ein suppiges Gericht kochen, reicht unter dem Dutch Oven ein einfacher Kranz mit Kohlen locker aus, sobald es kocht, reicht auch ein halber Kranz. Achten Sie auf das leise Blubbern aus dem Topf, dann wissen Sie, dass das Gericht simmert - Oberhitze ist nicht notwendig.

	Wenig Hitze	halber Ring (7 Stück bei einem 12" oder ft9 oben und 5 Stück unten)
	Mittlere Hitze	ganzer Ring (14 Stück bei einem 12" oder ft9 oben und 10 Stück unten)
	Starke Hitze	anderthalb Ring (21 Stück bei einem 12" oder ft9 oben und 15 Stück unten)

Starke Hitze: anderthalb Ring
Wenig Hitze: halber Ring
Mittlere Hitze: ganzer Ring

REINIGUNG UND PFLEGE EINES DUTCH OVENS

Ein Dutch Oven ist nicht „unkaputtbar", aber er ist auch nicht so empfindlich wie eine Eierschale. Eine Patina ist sehr robust und auf keinen Fall mit der Antihaftbeschichtung einer Aluminiumpfanne zu vergleichen. Die Antihaftbeschichtung ist empfindlich, besteht aus „Plastik" und sollte niemals ins Essen gelangen – sie wird auch durch einen Pfannenwender aus Metall schnell beschädigt. Gusseisen ist etwas ganz anderes.

Man kann mit Messern und allen anderen Metallgegenständen in Gusseisen-Geschirr kratzen, schneiden oder schaben, dem Gusseisen und der Patina macht das nichts aus. Da es sich aber um eingebranntes Öl handelt, kann die Patina durch Seife zerstört werden.

Zum Reinigen den Topf einfach unter fließendes, heißes Wasser halten. Das Wasser spült das meiste Fett und die Speisereste weg. Wenn etwas eingebrannt ist, den Dutch Oven einige Stunden in heißes Wasser legen und dann mit einem Ringreiniger oder Edelstahlschwamm die Reste wegschrubben. Für die technisch Interessierten: Gusseisen ist viel härter als jede Messerklinge der Welt, man kann den Dutch Oven also nicht zerkratzen.

Ist der Dutch Oven sauber, kann mit der Konservierung begonnen werden. Gusseisen rostet so schnell wie kaum ein anderes Metall, vor allem Asche und Kohlereste auf dem Deckel entwickeln mit Wasser eine Säure, die einen fettfreien Deckel sehr schnell angreift. Es empfiehlt sich daher, Topf und Deckel relativ schnell in einem Waschbecken mit heißem Wasser abzubürsten. Das Wasser sollte möglichst heiß sein – weit über 80 °C schadet nicht. Lassen Sie das Metall die Temperatur annehmen – das ist sehr wichtig.

Zum Trocknen die Topfteile etwas ausschütteln und mit einem Küchentuch abtrocknen. Die gespeicherte Wärme sollte nun dafür sorgen, dass die Restfeuchtigkeit, besonders im Logo des Deckels, schnell verdampft und alles trocken ist. Arbeiten Sie zügig und fetten Sie die Oberflächen abschließend mit einer Dutch-Oven-Pflegepaste oder mit handelsüblichem Sonnenblumenöl ein. Durch die Hitze des Metalls geht das besonders gut und schnell.

Um den Dutch Oven zu lagern, sollte man entweder ein Küchentuch in den Dutch Oven legen oder ein Küchentuch mehrfach falten und damit den Deckel leicht anheben. Beides verhindert, dass sich Feuchtigkeit im Inneren niederschlägt und der Topf rostet oder das Öl ranzig wird.

LODGE
12

ÜBERLEGUNGEN ZUR SPEISENAUSWAHL UND MENGENBERECHNUNG

Der Dutch Oven ist hervorragend dafür geeignet, um unter freiem Himmel viele Menschen schnell satt zu bekommen. Wenn Sie im Gelände eine ganze Schlange ausgehungerter Freunde vor den Gusstöpfen erwarten, dann sollten Sie das schon bei der Auswahl der Gerichte im Hinterkopf haben und eine Mahlzeit aussuchen, die mit einer Gabel oder einem Löffel gegessen werden kann, denn mit der anderen Hand muss ja der Teller gehalten werden. Gut geeignet sind eine große Kelle reichhaltiger Erbsensuppe, Chili oder Gulasch. Dazu noch eine extra dicke Scheibe frisches Graubrot und die Welt ist in Ordnung.

Fangen Sie auf jeden Fall immer rechtzeitig mit dem Kochen an. Bei jedem Kochen sollten Sie zuerst die Kohlen entzünden, dann kommt das Fleisch in den Topf. Bei der Speisenwahl sollten Sie überlegen, was Sie zeitgleich noch zu tun haben. Wenn Sie zum Braten noch verschiedene Beilagen servieren möchten, dann ist das eine Aufgabe für geübte Dutch-Oven-Köche. Bei der Kalkulation der Mengen müssen Sie mit etwas Augenmaß an die Sache herangehen.

Das Einfachste ist ein suppiges Gericht. Hier rechnen Sie mit 250–300 ml pro Portion und mit 1 ½ Portionen pro Person, denn nicht jeder nimmt einen Nachschlag. Bei Fleisch ohne Knochen rechne ich immer mit drei Personen auf ein Kilogramm – entspricht 333 g pro Person –, wobei es sich um eine gemischte Gruppe handelt. Bei guten Essern können Sie ruhig mit 400 g oder mehr rechnen.

Ganz wichtig ist, immer mit dem vollen, gesunden Menschenverstand bei der Sache zu sein und sich nicht blind auf die Rezepte zu verlassen.

Bei der Outdoor-Küche gibt es so viele Dinge, die die Temperatur und die anderen Parameter beeinflussen. Eine Herausforderung kann Regen sein, wenn die Kohlen drohen auszugehen. Das können Sie natürlich verhindern, indem Sie einfach unter einem überdachten Platz weiterkochen. Besser ist ein Dutch-Oven-Tisch, über den Sie einfach ein ausreichend großes Blech legen, aber mit so viel Abstand, dass die Kohlen nicht ausgehen. Ein weiteres Problem ist die Tatsache, dass das Regenwasser zusammen mit der Hitze und der aggressiven Asche den Topfdeckel rasend schnell rosten lässt. Hier sollten Sie sofort nach dem Essen den Deckel – besonders, wenn er ein feines Relief zeigt – mit heißem Wasser abspülen, abtrocknen und dann einfetten.

FRITTIERTE NUGGETS

Für dieses Gericht eignen sich vor allem helle Fleischsorten wie Schweinerücken, Hähnchen- oder Putenbrust, aber auch helles Wildbret wie Kaninchen oder Nutria.

Zutaten für 6–8 Portionen

1 kg Fleisch, in fingergroße Streifen geschnitten
Mehl, zum Panieren
Paniermehl oder Pankomehl, zum Panieren
1 l Öl, gerne auch Sojaöl, zum Frittieren
Aioli und Cumberlandsauce, zum Dippen

Bierteig

200 g Mehl
125 ml helles, kaltes Bier
75 ml Milch
1 EL Sonnenblumenöl
2 Eier
Salz und Pfeffer

4–6 l

SO WIRD'S GEMACHT

1. Mischen Sie alle Zutaten für den Bierteig. Schlagen Sie alles mit einem Schneebesen schön luftig und lassen Sie den Teig ½ Stunde quellen.
2. Schneiden Sie das Fleisch in Streifen – möglichst nicht dicker als 1 Zentimeter – und pfeffern und salzen Sie es ausgiebig.
3. Zum Panieren wälzen Sie das Fleisch zunächst in Mehl, klopfen das überschüssige Mehl ab und ziehen dann die Nuggets durch den Bierteig. Lassen Sie den Teig ablaufen und wälzen Sie dann das Fleisch in dem Panier- beziehungsweise Pankomehl.
4. Zum Frittieren erhitzen Sie das Öl im Dutch Oven auf 180 °C. Um die Temperatur zu prüfen, können Sie entweder mit einem Thermometer messen oder einen Holzstab nutzen – wenn sich Blasen bilden ist es heiß genug.
5. Geben Sie die Fleischstücke einzeln in das Fett, ohne den Dutch Oven zu überladen. Wenn die Nuggets von allen Seiten hellbraun sind, sollte das Fleisch innen durchgegart sein. Lassen Sie die Nuggets auf einem Küchentuch abtropfen und servieren Sie sie noch warm mit Aioli oder Dips und Saucen nach Wahl.

SICHERHEITSHINWEIS

Vorsicht! Frittieren auf offenem Feuer ist nicht ganz ungefährlich. Sollte der Dutch Oven Feuer fangen, halten Sie den Deckel bereit, um die Flammen zu ersticken. Eine Löschdecke kostet nicht viel und sollte immer zur Hand sein … *better safe than sorry*.

GEBACKENER FETA

Gebackener Fetakäse ist eine typisch griechische Vorspeise, die sich wunderbar vorbereiten lässt. Anschließend brauchen Sie den Dutch Oven nur anzuheizen und die Schale mit dem Käse und den anderen Zutaten hineinzustellen, nach 15 Minuten ist die Vorspeise fertig.

Zutaten für 4 Portionen

200 g Fetakäse
2 EL Olivenöl
1 Knoblauchzehe
1 Peperoni, in Ringe geschnitten
1 Zwiebel, in Ringe geschnitten
Oliven
Oregano
Thymian
Pfeffer und Salz

Zubehör

Aluschalen

SO WIRD'S GEMACHT

1. Hacken Sie die Knoblauchzehe zunächst grob und zerreiben Sie diese anschließend mit einer Messerklinge. Streuen Sie etwas Salz darüber und geben Sie die Salz-Knoblauch-Mischung in eine Tasse und vermischen Sie alles mit dem Olivenöl.
2. Der Käse kann in einer einzelnen Form oder portionsweise gebacken werden. Um kleine Portionsformen zu erhalten, stülpen Sie mehrfach gelegte Alufolie über eine Schüssel entsprechender Größe und formen Sie diese damit.
3. Bepinseln Sie den Käse von beiden Seiten mit der Knoblauch-Öl-Mischung und setzen Sie ihn in die vorbereiteten Formen. Geben Sie die Peperoni- und Zwiebelringe sowie die Oliven und die Gewürze darüber.
4. Backen Sie die Portionen 10–15 Minuten mit wenig Unter- und starker Oberhitze. Sie können den Käse auch auf größere Alufolie-Stücke legen und verschließen, um sie in der heißen Glut zu backen, dann müssen sie allerdings gewendet werden.

KÄSEBÄLLCHEN

Für viele Gelegenheiten beim Kochen mit dem Dutch Oven braucht man Party-Rezepte, die sich auch problemlos skalieren lassen. Das folgende ist so ein Rezept: Käse, Zwiebeln und Chili, dann noch frittiert, da ist alles zusammen, was zum Bier passt. Mit kleinen Spießen lassen sich diese Leckereien auch mit den Fingern essen. Beim Ausbacken ist Eile angesagt, denn der Kern sollte nicht zu weich werden, da sonst die Bälle verlaufen können.

Zutaten für 4 Portionen als Vorspeise

100 g Brie, 70 % Fett i. Tr.
100 g Romadur
½ EL Schmelzkäse
1 Zwiebel
½ TL Chiliflocken
1 Prise Salz
1 Prise Pfeffer aus der Mühle
Semmelbrösel
Fett zum Ausbacken

n. Wahl

SO WIRD'S GEMACHT

1. Schälen Sie die Zwiebel und schneiden Sie diese und den Käse in grobe Stücke. Pürieren Sie beides und würzen Sie mit Chiliflocken, Salz und Pfeffer. Fügen Sie ausreichend Semmelbrösel hinzu, dass ein gut formbarer Teig entsteht.
2. Formen Sie mit feuchten Händen kleine Kugeln und wälzen Sie diese in den Semmelbröseln. Stellen Sie die fertigen Kugeln 1–2 Stunden ins Tiefkühlfach.
3. Backen Sie die Käsebällchen kurz in sprudelndem Fett im Dutch Oven aus. Die Kruste sollte knusprig gebräunt sein.
4. Schöpfen Sie die fertigen Käsebällchen mit einer Schaumkelle aus dem Topf und lassen Sie sie auf einem Küchenpapier abtropfen. Servieren Sie mit einer Sauce Ihrer Wahl.

HINWEIS:

Achten Sie beim Frittieren darauf, dass das Öl feuergefährlich ist und es schnell spritzt.

PIZZASCHNECKEN

Pizza geht immer, aber im Dutch Oven ist das nicht ganz so einfach zu realisieren, da sind Pizzaschnecken deutlich einfacher und genauso lecker. Sie können das Rezept auch einfach skalieren: 750 g Mehl für einen Dutch Oven mit ca. 11 Liter und 1 kg Mehl für einen mit 16 Liter. Ich empfehle einen flachen Dutch Oven für die Pizzaschnecken zu benutzen. Der Teig wird ausgerollt und mit der Füllung bestrichen, dann eingerollt und in Scheiben geschnitten. In der Füllung können auch Reste verarbeitet werden, wie beispielsweise Pulled Pork oder Schichtfleisch.

Zutaten für 4 Portionen

500 g Mehl Type 550 oder Tipo 00
1 Pkt. Trockenhefe
1,5 EL Zucker
300 ml lauwarmes Wasser
3 EL Olivenöl
2 TL Salz

Sauce

1 Zwiebel
2 Knoblauchzehen
1 Dose Tomaten
1 TL Oregano
Salz und Pfeffer
Olivenöl zum Braten

Belag nach Belieben

Reibkäse
Paprika
Pilze
Zwiebel
Schinken
Salami
Thunfisch
Oliven
Peperoni
Pulled Pork

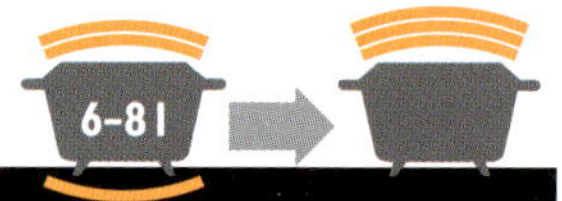

SO WIRD'S GEMACHT

1. Für die Sauce braten Sie die feingewürfelte Zwiebel und den Knoblauch an, löschen mit den Dosentomaten ab und schmecken sehr pikant mit Pfeffer, Salz und Oregano ab. Lassen Sie die Sauce etwas einköcheln, damit sich die Zwiebelstückchen auflösen. Sie können auch mit einem Stabmixer nachhelfen.
2. Für den Teig das Mehl in eine Schüssel sieben und mit dem Öl und den trockenen Zutaten vermischen, dann das lauwarme Wasser dazugeben. Den Teig durchkneten, bis er sich von der Schüsselwand löst und zugedeckt 1 Stunde an einem warmen Ort gehen lassen, bis sich der Teig verdoppelt hat.
3. Den aufgegangenen Teig noch einmal ordentlich durchkneten, denn Weizenteig wird – im Gegensatz zu Roggenteig – durch Kneten besser. Den Teig zu einem großen Rechteck ausrollen und ihn mit Tomatensauce bestreichen.
4. Belegen Sie ihn dann mit Zutaten Ihrer Wahl. Die Zutaten sollten bereits gegart sein oder Sie schwitzen Sie kurz in etwas Olivenöl in einer Pfanne an.
5. Rollen Sie das Ganze vorsichtig zu einer langen Rolle auf, damit die Tomatensauce nicht herausquillt. Schneiden Sie die Teigrolle mit einem großen, scharfen Messer in Scheiben und platzieren Sie diese auf den Schnittseiten mit etwas Abstand im Dutch Oven.
6. Mit 2–3 Briketts von unten und oben lassen Sie den Teig ein zweites Mal gehen, bis sich die Schnecken so vergrößert haben, dass der Topf vollständig gefüllt ist. Jetzt bestreuen Sie die Schnecken mit etwas Reibkäse und backen die Pizzaschnecken bei wenig Hitze von unten und mittlerer Hitze von oben etwa 20 Minuten aus, bis die Schnecken innen durchgebacken sind.
7. Bräunen Sie den Käse, indem Sie den Deckel oben mit so viel Kohle belegen, wie darauf passt. Entfernen Sie die Kohlen unter dem Topf, damit die Schnecken nicht anbrennen.

STEAK DIANE

Steak Diane ist ein Gericht der klassischen Restaurant-Küche und wurde in den 1920/30er-Jahren in gehobenen Häusern am Tisch zubereitet. Den Namen hat es von der römischen Jagdgöttin Diana und entspricht dem deutschen Jägerschnitzel, zumindest was die Sauce betrifft – mit Zwiebeln und Pilzen. Das Gericht ist einfach in der Zubereitung und durch das Flambieren sehr spektakulär.

Zutaten für 2 Portionen

400 g Rinderfilet, in 4 Scheiben geschnitten
Butterschmalz zum Braten
1 Schalotte, in feine Würfel geschnitten
1 Knoblauchzehe, fein gehackt
1 Tasse Champignons, in dünne Scheiben geschnitten
Weinbrand zum Flambieren
1 EL Dijon-Senf
1 EL Worcestershiresauce, bei Bedarf auch mehr
1 Becher Sahne
200 ml Rinderbrühe
Petersilie zum Garnieren
Pfeffer und Salz

61

SO WIRD'S GEMACHT

1. In einem Dutch Oven erhitzen Sie Butterschmalz bis es fast raucht, dann braten Sie die Medaillons von einer Seite an, bis sie sich von selbst vom Topfboden lösen, drehen Sie das Fleisch und braten Sie es von der anderen Seite ebenfalls an. Hierbei erzeugen Sie nur eine schöne Kruste, das Garen geschieht später in der Sauce. Dann legen Sie das Fleisch zur Seite auf einen Teller und decken ihn mit einem zweiten Teller ab.
2. In dem Dutch Oven schwitzen Sie die Schalotte, den Knoblauch und die Champignons mit 1 Esslöffel Butterschmalz an, und kochen so den Bratensatz vom Boden des Dutch Ovens los.
3. Sobald die Zwiebeln und Pilze weich sind, geben Sie den Weinbrand dazu und flambieren somit alles.
4. Sind die Flammen erloschen, geben Sie den Dijon-Senf, die Worcestershiresauce und die Sahne dazu. Die Brühe dient zum Einstellen der Konsistenz. Lassen Sie die Sauce 1 Minute köcheln und rühren Sie Petersilie unter.
5. Geben Sie das Fleisch zum Erhitzen und Nachgaren in den Dutch Oven. Wir streben eine Kerntemperatur von 56 °C an. Lassen Sie die Medaillons kurz Temperatur annehmen und geben Sie diese sofort auf einen Teller und übergießen Sie sie mit der Sauce. Als Beilage eignet sich Kartoffelpüree oder ein frisches Baguette.

HINWEIS:

Dieses Gericht geht sehr schnell und ist nur für eine geringe Personenanzahl geeignet. Bei mehr als vier Portionen wird es schwierig das Fleisch scharf anzubraten und nicht zu übergaren.

ERBSENSUPPE

Eine richtige Erbsensuppe isst man mit der Gabel, weiß der Volksmund zu berichten. Und der muss es schließlich wissen. Erbsensuppe wärmt nicht nur den Magen, sondern auch die Seele. Daher ist sie seit Jahrhunderten die Verpflegung von Jägern, Soldaten und Feuerwehrleuten. Je größer die Menge desto besser schmeckt sie, und am Feuer gekocht und im Stehen draußen gegessen schafft sie auch Erinnerungen.

Zutaten für 8–10 Portionen

750 g Erbsen (getrocknet), über Nacht eingeweicht
1 kg Schweinenacken oder Kasseler-Koteletts
250 g Rippenspeck, gewürfelt
5 Zwiebeln, gewürfelt
2 Tassen Lauch
1 Tasse Sellerie
1 Tasse Karotten
Pfeffer und Salz
Majoran
Wasser

8-11 l

SO WIRD'S GEMACHT

1. In einem Dutch Oven etwas Fett erhitzen und den in Würfel geschnittenen Rippenspeck zusammen mit den gewürfelten Zwiebeln anbraten. Den Lauch in Ringe und die Karotten in Scheiben schneiden, den Sellerie und den Schweinenacken würfeln. Zusammen mit den Erbsen zum Speck hinzugeben und mit Wasser auffüllen.
2. Mindestens 1 Stunde, besser 2 Stunden köcheln lassen, dann mit Pfeffer, Salz und Majoran abschmecken und noch ¼ Stunde weiterköcheln lassen.
3. Sie können den Dutch Oven an einem Dreibein über ein Feuer hängen oder Kohlen verwenden. Hauptsache, die Hitze kommt kontinuierlich von unten.

Falls die Suppe anbrennt:

Die Suppe dickt noch an, wenn sich die Erbsen auflösen, daher müssen Sie aufpassen, dass Ihnen die Suppe nicht anbrennt. Sollte das trotzdem passieren, keine Panik und auf keinen Fall den Bodensatz loskratzen, denn das würde den Brandgeschmack in der ganzen Suppe verteilen. Ruhe bewahren und die Suppe vorsichtig aus dem Topf nehmen, dann den Bodensatz abkratzen und wegwerfen, den Dutch Oven säubern und die Suppe zurückgeben.

HINWEIS:

Wenn ich die Suppe in großen Mengen koche, dann gebe ich nur etwa 250 ml pro Portion aus und biete kostenlosen Nachschlag an. Eine Schüssel mit etwa 500 ml ist für viele Menschen einfach zu viel, sie lassen dann die Hälfte über, die dann weggeworfen wird.

GULASCHSUPPE

Gulasch ist eine Sache für sich, es gibt unzählige Rezepte, und jedes behauptet, das einzig richtige zu sein. Lassen Sie sich bei einem Gulasch nicht verunsichern, es war ein Eintopf, in dem verarbeitet wurde, was gerade zur Hand war, und so sollten Sie es auch betrachten. Es gibt die Möglichkeit, das Gulasch als Suppe etwas dünner zu kochen, dabei müssen Sie das Fleisch in kirschgroße Stücke schneiden. Als Fleischbeilage zu Klößen oder Nudeln macht sich das Fleisch in pflaumengroßen Würfeln besser.

Zutaten für 4–6 Portionen

1 kg Gulaschfleisch, halb und halb
250 g Räucherspeck
5 Zwiebeln
1 kleine Dose geschälte Tomaten
1 rote Paprika
1 grüne Paprika
1 gelbe Paprika
1 TL Thymian
1 TL Kümmel
1 TL Majoran
1 TL Pfeffer
2 TL Paprikapulver edelsüß
1 TL Salz

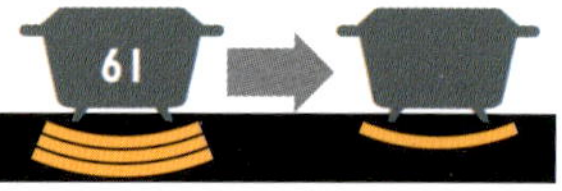

SO WIRD'S GEMACHT

1. Das Fleisch und den grob gewürfelten Räucherspeck von allen Seiten kräftig anbraten. Die Zwiebeln grob würfeln und im Topf glasig andünsten.
2. Die Paprika in schmale Streifen schneiden, zufügen und anschwitzen. Zum Ablöschen die Tomaten samt Flüssigkeit in den Topf geben. Zusätzlich mit 2 Litern Wasser oder noch besser mit Brühe auffüllen und die Gewürze hinzufügen.
3. Einige Kohlen entfernen, sodass nur noch ein halber Ring unter dem Topf liegt, und bei geschlossenem Deckel 2 Stunden köcheln lassen.
4. Besonders schick ist es, das Gericht in Halb-Liter-Bechern auszugeben. Zuerst einige Nudeln in den Becher, dann das brühend heiße Gulasch darüber geben, sodass die evtl. nur noch lauwarmen Nudeln wieder aufgewärmt werden. Dazu frisches Baguette reichen.

HINWEIS:

Nudeln mit Gulasch – liebevoll „NuGu" genannt – eignen sich hervorragend für viele Esser. Dazu die Nudeln – am besten Spirelli – bissfest kochen, das Kochwasser abgießen, die Nudeln mit klarem Wasser abspülen und mit Öl vermischen, damit sie nicht zusammenkleben. So können sie in einer Thermobox warmgehalten werden. Auf die nur noch lauwarmen Nudeln kommt dann das heiße Gulasch und für Kinder und Vegetarier gibt es die Nudeln mit Ketchup oder Tomatensauce . So ist für jeden Geschmack etwas dabei.

OCHSENSCHWANZSUPPE VOM REHTRÄGER

Eine klare Ochsenschwanzsuppe ist ein Klassiker der feinen Küche – dort aber in der geklärten Version. Der Dutch Oven ist geradezu prädestiniert, um aus dem zähen und bindegewebsreichen Fleisch ein herrliches Gericht zu zaubern. Sie müssen die Suppe nicht klären und das würde auch die Möglichkeiten, die man draußen hat, übersteigen. Wir verwenden hier einen Hals (Jäger nennen es Träger) vom Rehwild als Grundlage, so wird dieses eher verschmähte Stück eine wirkliche Delikatesse.

Zutaten für 4 Portionen

1 Hals vom Reh, ca. 2 kg, in 3–4 Stücke geteilt
Mehl zum Bestäuben
Fett zum Anbraten
200 g Speck, in Würfel geschnitten
1 Karotte, in Würfel geschnitten
1 Petersilienwurzel, in Würfel geschnitten
½ Sellerie, in Würfel geschnitten
2 Zwiebeln, in Würfel geschnitten
2 EL Tomatenmark
1 EL Majoran, getrocknet
10 Pfefferkörner
5 Pimentkörner
2 Lorbeerblätter
1 Glas Rotwein
Wasser
Likörwein (z. B. Madeira) zum Abschmecken
Pfeffer und Salz

SO WIRD'S GEMACHT

1. Wässern Sie das Fleisch 1 Stunde in Salzwasser. Trocknen Sie es anschließend ab und wälzen Sie es rundum in Mehl. Geben Sie Fett in den heißen Dutch Oven und braten Sie den Hals von allen Seiten kräftig an. Geben Sie den Speck und im Anschluss die gewürfelten Gemüse und das Tomatenmark dazu. Braten Sie alles gut an, fügen Sie die Gewürze hinzu und löschen Sie mit dem Rotwein ab.
2. Gießen Sie mit Wasser auf, sodass die Fleischstücke alle komplett bedeckt sind. Mit wenig Hitze von unten und ohne Oberhitze lassen Sie das Gericht wenigstens 3 Stunden simmern, bis das Fleisch von den Knochen fällt und sich das Bindegewebe aufgelöst hat.
3. Nehmen Sie das Fleisch aus der Brühe und lassen Sie es abkühlen, bis Sie es anfassen können. Dann sammeln Sie das Fleisch von den Knochen, schneiden es in mundgerechte Stücke und stellen es warm.
4. Geben Sie die Brühe mit dem Gemüse durch ein Sieb und die Flüssigkeit wieder zurück in den Dutch Oven. Das Gemüse können Sie entsorgen, es hat seine Schuldigkeit getan und den Geschmack an die Suppe abgegeben.
5. Geben Sie das Fleisch zurück in die Brühe und schmecken Sie mit Madeira, Pfeffer und Salz ab. Sie können die Suppe mit Welsh Rarebits oder Toast servieren – an einem kalten Wintermorgen am besten aus einer großen Tasse als zweites Frühstück.

HINWEIS:

Sie können statt des Halses auch einen echten Ochsenschwanz oder Rinder-Beinscheiben verwenden. An der Zubereitung ändert sich dadurch nichts.

SCHNELLE LINSENSUPPE

Eine Linsensuppe ist ideal, um auf dem Campingplatz, in der Jagdhütte oder für ein Studentenessen schnell eine sättigende Mahlzeit auf den Tisch zu bringen. Statt Linsen aus der Dose können auch getrocknete Linsen verwendet werden, die nicht eingeweicht werden müssen. Für ein „Fertiggericht" brauchen Sie nur die Linsen aus der Dose und als Beilage eine Dose Jagdwurst oder Lyoner. Wer mehr Zeit hat und das Gericht aufpeppen möchte, kocht getrocknete Linsen mit einem Kassler-Kotelett und Suppengemüse. Ich kaufe gerne Kasslernacken am Knochen und löse den Knochen selbst aus, der wird dann die Suppengrundlage.

Zutaten 2 Portionen

1 Dose Linsen (485 ml)
2 Schinkengriller oder Räucherspeck
1 Zwiebel
485 ml Wasser (mit der leeren Dose Maß nehmen)
Maggi, Zucker und Essig nach Geschmack
Öl zum Anbraten

6-81

SO WIRD'S GEMACHT

1. Das Öl im Dutch Oven erhitzen. Die Zwiebel in feine Würfel schneiden, in den Topf geben und glasig dünsten.
2. Die Würstchen in Scheiben schneiden und ebenfalls anbraten. Sollten Sie Speck verwenden, dann erst den gewürfelten Speck anbraten und danach die Zwiebeln dazugeben. Sobald die Zwiebeln weich sind und die Wurst etwas glasig wird, die Linsen dazugeben und in dieser Dose gleich das Wasser abmessen und damit die Reste der Linsen ausspülen.
3. Mit Zucker und Essig abschmecken. Salz ist meist nicht notwendig, das kommt aber auf die Wurst an, evtl. müssen Sie doch noch nachsalzen.
4. Bei diesem Gericht ist es nicht wichtig, die letzten kulinarischen Raffinessen herauszuarbeiten. Der König ist, wer den Topf Suppe möglichst schnell auf den Biertisch bringt.

HINWEIS:

Dies ist ein Gericht aus dem Vorrat. Die Linsen aus der Dose sind schon gekocht und brauchen nur noch erhitzt zu werden, das sorgt dafür, daß die Suppe schnell auf den Tisch kommt.

SERBISCHE BOHNENSUPPE

Eine Bohnensuppe ist vielen jungen Menschen nicht mehr bekannt. Früher war sie eine billige Möglichkeit, viele Münder am Tisch satt zu bekommen. Meist wurden Bratenreste vom Sonntag mit verkocht. Eine Serbische Bohnensuppe mit scharfer Cabanossi ist eher ein Partygericht und dem Nachwuchs leichter zu vermitteln.

Zutaten für 6–8 Portionen

1 kg getrocknete weiße Bohnen, über Nacht eingeweicht
500 g Rippenspeck, gewürfelt
5 große Zwiebeln, gewürfelt
1 kg Kartoffeln, gewürfelt
4 Karotten, gewürfelt
4 Porreestangen, in Ringe geschnitten
½ Sellerieknolle, klein geschnitten
Grün vom Sellerie, klein geschnitten
1 große Tube Tomatenmark
2 TL Majoran
2 TL Paprikapulver edelsüß, weiteres nach Geschmack
4 Cabanossi, in Scheiben geschnitten
Pfeffer und Salz
1 Becher Saure Sahne
Fett zum Braten

SO WIRD'S GEMACHT

1. Das Fett in einem Dutch Oven erhitzen und den gewürfelten Speck auslassen. In diesem Fett die gewürfelten Zwiebeln und Kartoffeln dünsten, dann die kleingewürfelten Karotten, den in Ringe geschnittenen Porree und den kleingeschnittenen Sellerie dazugeben und mitschwitzen.
2. Die Bohnen abgießen und das Einweichwasser wegschütten, dann in den Dutch Oven geben und mit Wasser auffüllen, das Tomatenmark und die Gewürze dazugeben.
3. Erst alle Kohlen unter den Topf legen und die Suppe 5 Minuten stark kochen, dann mit wenig Unterhitze 2 Stunden köcheln lassen.
4. Vor dem Servieren die in Scheiben geschnittenen Cabanossi ¼ Stunde mitkochen.
5. Mit Pfeffer, Salz und Paprikapulver abschmecken und die Saure Sahne unterrühren.

HINWEIS:

Bei Bohnengerichten die Bohnen am Vorabend in reichlich Wasser einweichen, das Wasser sollte mindestens doppelt so hoch stehen wie die getrockneten Bohnen, diese saugen sich voll und dehnen sich dabei aus. Den Einweichbehälter auf keinen Fall verschließen, er könnte platzen. Das Einweichwasser muss weggeschüttet werden.

SPANISCH FRICCO

Der Name dieses westfälischen Eintopfgerichtes leitet sich von seiner Herkunft aus den spanischen Niederlanden ab. Eine andere Theorie besagt, dass das Gericht aus der spanisch geprägten Hofküche von Jêrome Bonaparte stammt, der das Königreich Westphalen von 1807 bis 1813 regierte. Es ist ein „Arme-Leute-Essen“, aber auch heute noch ein beliebtes Gericht bei Feiern. Sie lässt sich leicht aus einer Suppenschüssel mit einem Löffel essen und eignet sich daher auch für den Verzehr im Freien im Stehen. Da keine der Zutaten angebraten wird, kann man es schnell und einfach zu Hause zubereiten, mit nach draußen nehmen und dort kochen.
Wer möchte, kann das Gericht zum Schluss mit einem würzigen Käse bestreuen und bei starker Hitze von oben überbacken.

Zutaten für 4 Portionen
1 EL Butter
1 kg Kartoffeln
500 g Rind- oder Schweinefleisch
250 g Zwiebeln
1 Becher Sahne
Muskat
Pfeffer und Salz
Gewürzgurken zum Servieren

61

SO WIRD'S GEMACHT

1. Einen Dutch Oven mit der Butter ausstreichen. Die Kartoffeln in dünne Scheiben schneiden, das Fleisch würfeln und die Zwiebeln in Ringe schneiden.
2. Die Zutaten abwechselnd in den Topf schichten, erst eine Lage Kartoffeln, dann Fleisch und dann Zwiebeln. Jede Lage mit Salz, Pfeffer und Muskat würzen.
3. Mehrere Lagen in den Topf schichten und mit einer Lage Kartoffeln abschließen.
4. Etwa ½ Liter heißes Wasser mit der Sahne mischen und in den Topf geben. Bei geringer Hitze mindestens 2 Stunden garen, länger schadet auch nicht. Gegebenenfalls Wasser nachgießen, falls es droht trocken zu kochen.
5. Das Gericht mit Gewürzgurken servieren.

SZEGEDINER GULASCH

Bei Szegediner Gulasch handelt es sich um eine Gulasch-Variante mit Sauerkraut. Früher war das Kraut sicherlich im Rezept enthalten, um das Fleisch zu strecken, aber heute ist es eine besondere Spezialität. Ein Dutch Oven eignet sich sehr gut, um das bindegewebsreiche Fleisch langsam butterweich zu schmoren.

Zutaten für 4-6 Portionen

1 kg Gulaschfleisch (gemischt)
Mehl zum Bestäuben
reichlich Schweineschmalz zum Anbraten
500 g Zwiebeln, in grobe Würfel geschnitten
4-5 Knoblauchzehen, gepresst
1 TL Thymian
2 TL Kümmelkörner (alternativ 1 TL gemahlener Kümmel)
2 EL Paprikapulver, rosenscharf
1 TL gemahlener Pfeffer
2 TL Salz
3-4 EL Tomatenmark
500 ml Brühe
500-750 g Sauerkraut
1-2 Kartoffeln, mehligkochend, zum Binden
Saure Sahne zum Servieren
Schnittlauchröllchen oder Frühlingszwiebeln zum Servieren

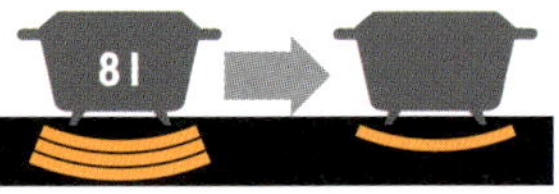

SO WIRD'S GEMACHT

1. Bestäuben Sie das Fleisch mit Mehl und braten Sie es in Schweineschmalz an. Dann geben Sie die Zwiebeln und die Knoblauchzehen dazu und würzen mit dem Thymian, dem Kümmel, dem Paprikapulver, dem Pfeffer und dem Salz.
2. Schieben Sie auf dem Boden des Dutch Ovens eine Stelle frei und braten Sie dort das Tomatenmark an.
3. Löschen Sie mit der Brühe ab und lassen Sie das Gulasch mit wenig Hitze von unten leicht simmern. Der Garvorgang dauert 1-2 Stunden, gegebenenfalls auch länger. Das hängt von der Qualität des Fleisches ab.
4. Wenn das Fleisch fast gar ist und sich die Sehnen bereits zu Gelatine umgewandelt haben, geben Sie das Sauerkraut und gegebenenfalls noch etwas Brühe oder Wasser in den Dutch Oven. Falls das Gericht noch zu suppig sein sollte, können Sie 1-2 mehligkochende Kartoffeln dazureiben.
5. Nach weiteren 30 Minuten sollte alles weich und die Sauce schön sämig sein.
6. Zum Servieren geben Sie auf jede Portion einen Klecks Saure Sahne und ein paar Röllchen von frischem Schnittlauch oder Frühlingszwiebeln. Als Beilage eignet sich Brot oder frisches Baguette.

SOLJANKA

Neben den Altlasten auf den Übungsplätzen haben die russischen Besatzungstruppen ein tolles Gericht zurückgelassen: Soljanka. Eigentlich ist es ein typisches Reste-Essen, daher variieren die Zutaten auch nach Verfügbarkeit. Zwingend sind jedoch die Gewürzgurken, weil sie dem Gericht den typisch säuerlichen Geschmack verleihen.

Zutaten für 4–6 Portionen

2 Beinscheiben vom Rind
2 Nackenkoteletts vom Schwein
2 Cabanossi (geht auch mit anderen Wurstresten wie Mortadella)
4 Zwiebeln
2 Karotten
1 Glas eingelegte Tomatenpaprika (Sauerkonserve)
4 große Gewürzgurken
5 Pimentkörner
Pfeffer und Salz
Paprikapulver
Butterschmalz
2 l Wasser
Saure Sahne zum Servieren

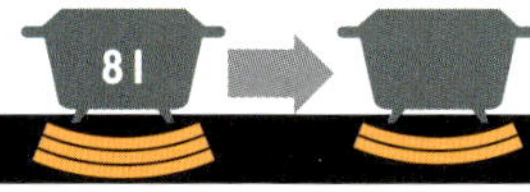

SO WIRD'S GEMACHT

1. Das Fleisch (es können auch Bratenreste sein) im Dutch Oven in Butterschmalz anbraten, mit 2 Litern Wasser auffüllen und 1 Stunde kochen lassen, bis sich das Fleisch von den Knochen löst. Das Fleisch von den Knochen pulen und in kleine Würfel schneiden. Die Brühe aus dem Dutch Oven gießen und aufbewahren.
2. Im Dutch Oven die in nicht zu feine Scheiben geschnittenen Zwiebeln, Karotten, abgetropften Tomatenpaprika und Gewürzgurken in Butterschmalz anbraten. Dann das abgelöste Fleisch und die in feine Scheiben geschnittene Wurst hinzufügen und mit der Fleischbrühe aufgießen.
3. Mit wenigen Kohlen mindestens 2 Stunden kochen lassen, bis das Gemüse weich ist. Mit Salz, Pfeffer, Paprikapulver und fünf Pimentkörnern abschmecken, eventuell auch mit etwas Gurkenwasser, da die Soljanka pikant-säuerlich schmecken soll.
4. Beim Servieren auf jeden Teller einen Klecks Saure Sahne geben. Als Beilage eignet sich Weißbrot.

HINWEIS:

Auf jeden Fall sollten Sie eine Soljanka möglichst schnell aus dem Dutch Oven nehmen. Der Säuregehalt lässt den Dutch Oven sehr schnell Rost ansetzen!

GERÄUCHERTER LACHS

Fisch kann man im Dutch Oven nicht nur kochen, sondern auch heiß räuchern. Dazu eignen sich besonders Fettfische wie Lachse oder Makrelen, aber auch Forellen. Der Fisch muss filetiert werden, damit er den Rauch besser annehmen kann.

Zutaten für 2 Portionen

400 g Lachs
Zitronensaft
weißer Pfeffer, gemahlen
Salz
1 Tasse Räuchermehl, Buche, so fein wie Filterkaffee

Zubehör

Stapelrost
Aluschale

SO WIRD'S GEMACHT

1. Geben Sie eine Tasse Räuchermehl in einer gleichmäßigen Schicht auf den Boden des Dutch Ovens und stellen Sie darauf einen Stapelrost. Dann würzen Sie den Fisch mit Zitronensaft, Salz und weißem Pfeffer.
2. Geben Sie den Fisch in eine kleine Schale, denn beim Garen tritt Flüssigkeit aus, die das Räuchermehl sonst löschen würde. Verwenden Sie zum Beispiel eine Aluschale oder formen Sie eine solche aus Alufolie. Hier ist Einweg angesagt, denn das Kondensat des Rauchs lässt sich nur schlecht entfernen.
3. Sobald diese Konstruktion steht, wird der geschlossene Dutch Oven mit so vielen Kohlen angeheizt, wie darunter passen und auf den Deckel kommen 2–3 Kohlen. Der Boden des Topfes wird weit über 250 °C heiß und das Räuchermehl beginnt zu schwelen. In dieser Phase darf der Deckel nicht geöffnet werden, da sich das Räuchermehl entzünden kann, sobald mehr Sauerstoff zugeführt wird. Durch die Hitze im Ofen wird der Fisch gegart.
4. Nach ½–1 Stunde sollte der Fisch goldgelb sein und eine Kerntemperatur von 70 °C erreicht haben. Hier lassen sich nur schwer genaue Zeiten angeben, da die Stücke sehr unterschiedlich dick sein können und die Rauchaufnahme je nach Feuchtigkeit und Fettgehalt des Fisches ebenfalls schwanken kann.
5. Sie können den Fisch sofort warm essen oder kalt servieren. Dazu passen Pellkartoffeln und Quark.

HINWEIS:

Zwei bis drei Kohlen auf den Deckel legen, denn wenn der Deckel zu kalt ist, kondensiert der Rauch und tropft als schwarze Flecken auf den Fisch.

ENTE MIT SÜSSSAUREN LINSEN UND BALSAMICO

Enten sind ein herrliches Geflügel, das sich wunderbar mit süßsaurem Linsengemüse kombinieren lässt. Das Entenfett tut ein Übriges, um Geschmack und Fülle an das Gericht zu bringen. Um den Garvorgang zu beschleunigen, können Sie die Ente entlang des Ruckgrats durchschneiden und aufklappen, dann liegen die Brust und die Keulen auf einer Höhe. Wenn Sie die Entenbrust mit einer spitzen Gabel oder einem Messer mehrfach einstechen, brät das Fett besser aus und die Ente wird knuspriger.

Zutaten für 2 Portionen

1 Ente von etwa 2 kg
250 g getrocknete Linsen
Pfeffer und Salz
frischer Majoran
100 g Rippenspeck, in Würfel geschnitten
2 Zwiebeln, in Würfel geschnitten
1 Karotte, in Würfel geschnitten
½ Stange Lauch, in Ringe geschnitten
1 l Geflügelfond oder Enten-/Hühnerbrühe
1 EL Zucker
2–3 EL Balsamico
Fett zum Braten

SO WIRD'S GEMACHT

1. Legen Sie die Linsen einige Stunden in Wasser ein und lassen Sie sie quellen – auf diese Weise werden sie schneller gar. Vor der Verwendung gießen Sie das Einweichwasser weg.
2. Würzen Sie das Fleisch mit Pfeffer und Salz und legen Sie einen großen Stängel Majoran in die Ente. In dem Dutch Oven braten Sie die Ente rundum an, damit sie Farbe bekommt. Stellen Sie sie anschließend warm.
3. Geben Sie den Speck und die Zwiebeln in den Dutch Oven und braten Sie beides gut an. Dann geben Sie die Karotte und schließlich die Lauchringe und Linsen dazu. Gießen Sie mit dem Geflügelfond auf, bis die Linsen knapp bedeckt sind. Würzen Sie mit Zucker, Pfeffer, Salz und dem Balsamico.
4. Legen Sie die Ente mit dem Rücken auf das Gemüse und heizen Sie den Dutch Oven mit mittlerer Hitze von unten und oben. Falls Sie die Linsen nicht eingeweicht haben, müssen Sie alle 10 Minuten nachschauen und eventuell Wasser oder Geflügelfond nachgießen. Hier ist Fingerspitzengefühl gefragt, denn die Linsen nehmen die Flüssigkeit unterschiedlich stark auf.
5. Nach 45–60 Minuten sollte die Ente durchgegart sein. Nehmen Sie nun alle Kohlen von unten und geben diese oben mit auf den Deckel, damit die Brusthaut schön bräunt.
6. Als Beilage eignen sich Spätzle oder auch Kartoffeln.

BRISKET

Bei Brisket handelt es sich um die Brustspitze des Rinds und gilt als die Krönung des BBQ, denn dieses zähe und feste Fleisch muss stundenlang gegart werden, um es genießbar zu machen. In Deutschland wird Brisket traditionell als Suppenfleisch zubereitet, in den USA wird es mindestens 12 Stunden lang im Smoker bei niedriger Temperatur gegart. Das Garen im Dutch Oven ist eine deutlich bessere Variante, um ein Brisket zuzubereiten. Dieses spezielle Teilstück vom Rind gibt es bei Versandfleischereien, die sich auf amerikanische Zuschnitte spezialisiert haben. Allerdings ist das Fleisch sehr fettig und nicht gerade billig. Im Großmarkt wird die Rinderbrust vakuumverpackt angeboten, sie ist allerdings aus Platzgründen zwischen dem flachen und dem hohen, doppelten Teil, eingeschlitzt und umgeklappt. Dafür kostet sie nur ein Bruchteil des amerikanischen Zuschnitts. Zum Garen im Dutch Oven muss die Brust aber ohnehin genau an dieser Stelle geteilt werden, sodass es kein Problem ist, die günstigere Alternative zu verwenden.

Zutaten für 9–12 Portionen

3-4 kg Brisket (Rinderbrust) ohne Knochen, vom Großteil des Fetts befreit, für den Dutch Oven passend zugeschnitten

5 Zwiebeln, in grobe Stücke geschnitten

2 Karotten, in grobe Stücke geschnitten

1 Tasse Sellerie, in grobe Stücke geschnitten

2 Tassen BBQ-Sauce, nach Wahl, vorzugsweise eine rauchige Note

4 EL Pfeffer und Salz, grob geschrotet, gemischt

Fett zum Braten

SO WIRD'S GEMACHT

1. Würzen Sie am Vorabend das Brisket im texanischen Stil: Mit einer Mischung aus grob geschrotetem Pfeffer und Salz, jeweils zu gleichen Teilen. Rechnen Sie mit etwa 1 Esslöffel pro Kilogramm Fleisch.
2. Geben Sie am nächsten Tag reichlich Butterschmalz oder anderes hocherhitzbares Fett – zur Not auch etwas von dem Rindertalg – in den Dutch Oven und braten Sie das Fleisch von allen Seiten scharf an. Nehmen Sie es aus dem Dutch Oven und braten Sie das Gemüse an. Geben Sie das Fleisch wieder dazu und gießen Sie die BBQ-Sauce hinein.
3. Bei wenig Ober- und Unterhitze sollte das Fleisch eine Kerntemperatur von 95 °C erreichen. Prüfen Sie beim Hineinstechen des Thermometers nicht so sehr die Temperatur, sondern achten Sie eher auf die Konsistenz des Fleisches. Wenn es sich weich und gleichmäßig anfühlt, ist es fertig. Stößt die Sonde auf viel Widerstand, dann muss das Fleisch noch weiter garen.
4. Nachdem das Brisket eine Kerntemperatur von über 90 °C erreicht hat, nehmen Sie das Fleisch heraus und lassen Sie es in Alufolie in einer Thermobox ruhen.
5. In der Zwischenzeit können Sie die Flüssigkeit aus dem Dutch Oven durch ein Sieb geben, um eine Sauce herzustellen. Dicken Sie dafür diese Flüssigkeit etwas an oder pürieren Sie einfach das zerkochte Gemüse mit einem Mixer und schon ist eine tolle Sauce fertig.

CHILI MIT MAISBROTKRUSTE

In den USA wird Chili gerne mit Maisbrot serviert, im Dutch Oven lässt sich beides zusammen übereinander backen.

Zutaten für 4–6 Portionen

500 g Hackfleisch, halb und halb
500 g Zwiebeln, gewürfelt
3 Paprika, rot, grün, gelb
1–5 Knoblauchzehen, je nach Geschmack
2 große Dosen Kidney-Bohnen, Flüssigkeit abgegossen
2 große Dosen Tomaten
1 kleine Dose Mais, abgegossen
2 EL Tomatenmark
1 EL Paprikapulver, edelsüß
1 TL Cumin
1 TL schwarzer Pfeffer, gemahlen
1 TL Paprikapulver, scharf
1 EL Zucker
Salz nach Geschmack
Tabasco oder eine andere Hot Sauce
Öl zum Anbraten

Maisbrot

2 Eier, leicht geschlagen
1,5 Tassen Milch
2 Tassen Cheddar, gerieben
1 Packung Backpulver
1 Tasse Maismehl (das feine, nicht die Sorte für Polenta)
1 Tasse Weizenmehl
2 EL Zucker
½ TL Salz
2 EL Öl

SO WIRD'S GEMACHT

1. Für das Chili braten Sie das Fleisch im Dutch Oven an, bis es braun und krümelig ist. Um wieder Platz im Topf zu bekommen, nehmen Sie das Fleisch heraus und braten die gewürfelten Zwiebeln, den Knoblauch und die Paprika an.
2. „Kratzen" Sie eine Stelle frei und geben Sie das Tomatenmark direkt auf den Boden des Topfes, um es anzubraten. Jetzt kommen die restlichen Gewürze, Bohnen und das Fleisch in den Topf und alles wird mit viel Hitze von unten aufgekocht, es sollte nun eine ½ Stunde simmern. Wer den Mais knackig haben möchte, der gibt ihn erst 5 Minuten vor Ende der Garzeit dazu. Das Chili sollte nicht zu flüssig sein, weil sonst der Teig versinkt, evtl. lassen Sie etwas Flüssigkeit von den Tomaten weg. Nachgießen können Sie immer.
3. Für das Maisbrot mischen Sie das Maismehl, das Weizenmehl und die anderen trockenen Zutaten, bis auf den Käse, in einer Schüssel. In einer zweiten Schüssel verschlagen Sie die Eier, das Öl und die Milch. Mischen Sie dann die trockenen und festen Zutaten in einer gemeinsamen Schüssel. Sie können in das Maisbrot auch gehackte Jalapeños geben, um dem Ganzen mehr „Wumms" zu geben.
4. Zum Abbacken geben Sie den geriebenen Käse auf das Chili und darauf den Teig des Maisbrotes. Die Konsistenz des Teigs sollte so flüssig sein wie ein fester Pfannkuchenteig, sodass er gerade nicht mehr fließt und mit einem Teigschaber oder Löffel geglättet werden kann.
5. Backen Sie mit fast keiner Hitze von unten und starker Hitze von oben etwa 20 Minuten. Der Teig ist fertig, wenn er bei leichtem Druck nachgibt und dann seine ursprüngliche Form wieder annimmt. Vor dem Servieren lassen Sie den Dutch Oven 10 Minuten ohne Kohlen stehen.

HINWEIS:

Beim Backen in Schritt 5 können Sie für unten etwa drei Kohlen verwenden, denn diese sollen nur verhindern, dass das Chili auskühlt. Es darf nicht kochen, denn sonst kann sich keine Maisbrotkruste bilden.

GANS MIT ROTKOHL UND MARONEN

Dieses Rezept eignet sich hervorragend für eine Gans, die bereits einige tausend Flugstunden auf dem Buckel hat. Diese Vögel sind naturgemäß etwas fettiger, was dem Rotkohl sehr gut bekommt. Zudem ist dieses Rezept sehr einfach zuzubereiten. Wer sich nicht mit einem ganzen Vogel plagen will, der nimmt stattdessen 4–6 Gänsekeulen – eine Brust wird zu trocken.

Zutaten für 4–6 Portionen

1 Hausgans oder Wildgans 3 kg
etwas Schmalz
150 g Speckwürfel
2 Zwiebeln, in Würfel geschnitten
2 kg frischer Rotkohlkopf, in feine Streifen geschnitten
1 säuerlicher Apfel, in kleine Stücke geschnitten
200 g Maronen, geschält und gekocht
Rosmarin
einige Wacholderbeeren
Nelkenpulver oder Nelken (bei Pulver beißt man nicht auf die Nelke, was sehr unangenehm schmeckt)
Pfeffer und Salz
500 ml Brühe oder Wildfond
3 EL Essig
Kartoffeln, in Scheiben geschnitten, nach Wahl

SO WIRD'S GEMACHT

1. In dem Schmalz zuerst die Speckwürfel auslassen und dann die Zwiebeln glasig dünsten. Den Rotkohl, die Apfelstücke und die Maronen dazugeben, mit Rosmarin, Wacholder, Nelken, Pfeffer und Salz würzen. Mit der Brühe aufgießen, den Essig dazugeben und alles mit einigen Kohlen unter dem Topf köcheln lassen, bis der Rotkohl etwas zusammengefallen ist.
2. Die Gans innen und außen mit Pfeffer, Salz und Rosmarin würzen. Sollte diese zu hoch sein, um in den Dutch Oven zu passen, schneiden Sie den Rücken rechts und links des Rückgrates heraus, dann brechen Sie noch das Gabelbein in der Halsgrube – der englische „Wishbone" – und Sie können den Vogel problemlos flachdrücken.
3. Damit das Fett aus der Brust gut ausbrät, stechen Sie die Brust – aber wirklich nur die Haut – mit einer spitzen Tranchiergabel ein. Jeder Zentimeter sollte dicht mit Stichen versehen werden.
4. Legen Sie die Gans mit der Brust nach oben auf den Rotkohl und garen alles zusammen mindestens 2 Stunden mit mittlerer Hitze von unten und oben. Das Fett, das aus dem Vogel austritt, verleiht dem Rotkohl seinen unnachahmlichen Geschmack. Sollte noch Platz im Topf sein, können Sie ½ Stunde vor dem Ende der Garzeit Kartoffelscheiben dazulegen. So erhalten Sie eine komplette Mahlzeit aus nur einem Topf.
5. Zum Aufknuspern der Haut entfernen Sie den Rotkohl aus dem Topf, pinseln die Brust mit Salzwasser ein und legen möglichst viele Kohlen auf den Deckel. Dann schauen Sie alle 5 Minuten nach, wie der Vorgang voranschreitet und pinseln dabei erneut die Brust mit Salzwasser ein.
6. Zum Servieren eignen sich Rotweinbirnen mit Preiselbeeren, die Kartoffelscheiben oder Klöße, wobei die Sauce vom Rotkohl gleich mit dabei ist.

GEFÜLLTE PAPRIKASCHOTEN

Ein Klassiker der Alltagsküche und ideal für den Dutch Oven. Wenn nicht die ganze Füllung in die Paprika passt, kleine Bällchen formen und in der Sauce mitgaren. Für die vegetarische Variante das Hackfleisch durch in erbsengroße Würfel geschnittene Karotten, Sellerie und Paprikastücke ersetzen. Diese müssen aber vorher glasig angebraten werden, sonst werden sie nicht gar. Um das Gericht etwas zu strecken, kocht man mehr Reis und stellt ihn warm.

Zutaten für 6 Portionen

6 Paprikaschoten
500 g Hackfleisch, halb und halb
1 Tasse Reis, bissfest gekocht
1 Knoblauchzehe
1 Zwiebel, fein gehackt
2 Eier
1 EL Paprikapulver, edelsüß
Pfeffer und Salz
Fett zum Anbraten

Sauce

1 Zwiebel, fein gehackt
1 EL Tomatenmark
1 große Dose Tomaten
300 ml Brühe
1 EL Zucker
1 EL Butter
1 EL Mehl
Salz und Pfeffer

61

SO WIRD'S GEMACHT

1. Schneiden Sie die Paprika am Stielansatz so auf, dass Sie den grünen Stängel entfernen können (dieser ist giftig). Kratzen Sie dann die Kerne aus der Schote.
2. Kochen Sie den Reis und mischen Sie ihn mit dem Hackfleisch, der fein gehackten Zwiebel, den Eiern, dem Paprikapulver und einer mit etwas Salz zerriebenen Knoblauchzehe. Schmecken Sie das Gemisch herzhaft mit Pfeffer und Salz ab und füllen Sie die Paprikaschoten damit.
3. Braten Sie im Dutch Oven die gefüllten Paprika von allen Seiten an und nehmen Sie sie dann wieder aus dem Topf.
4. Für die Sauce geben Sie die Butter und die Zwiebeln in den Topf und schwitzen sie glasig an. Stäuben Sie das Mehl darüber und warten Sie, bis es etwas Farbe annimmt.
5. Braten Sie an einer freien Stelle am Topfboden das Tomatenmark an. Löschen Sie mit den Dosentomaten und der Brühe ab und würzen Sie mit Salz, Pfeffer und dem Zucker. Geben Sie die Schoten zurück in den Dutch Oven und schmoren Sie sie in der Sauce 30–45 Minuten mit wenig Hitze von oben und unten.
6. Wer mag, kann die Schoten zum Schluss noch mit Käse überbacken.

HINWEIS:

Sie müssen den Reis nicht vorkochen, dann sollten Sie ihn aber 2 Stunden in Wasser einweichen, denn dann wird er schneller gar.

HEUBRATEN

Etwas Skurriles im Dutch Oven zu kochen, macht immer Eindruck bei Gästen. Wenn es dann auch noch schmeckt, umso besser. Für dieses Gericht benötigen Sie Heu, das Sie entweder beim Kleintierhändler als Kaninchen-Bergwiesenheu in Plastiktüten erwerben können, oder Sie fragen einfach einen Pferdehalter in der Nähe. Die dritte Möglichkeit ist, eine Stelle im Garten für Heu zur Verfügung zu stellen und dort dann mit der Sichel ein paar Hände voll abzumähen und im Schatten zu trocknen. Dann wissen Sie, woher das Heu kommt und was drin ist. Pro Braten mit einem Gewicht von 2,5 Kilogramm benötigen Sie 2 Handvoll Heu, so viel wie gerade noch in den Dutch Oven passt.

Zutaten für 4–6 Portionen

2,5 kg Schweinenacken, am Stück ohne Knochen (alternativ: Lamm- oder Rehkeule)
3 Zwiebeln, gewürfelt
3 Karotten, gewürfelt
1 Stange Lauch, in dünne Ringe geschnitten
1 Tasse Sellerie, gewürfelt
250 ml Brühe oder Wein
Saucenbinder
Salz und Pfeffer
2 Handvoll Heu
Butterschmalz zum Anbraten

SO WIRD'S GEMACHT

1. Braten Sie das Fleisch in Butterschmalz von allen Seiten kräftig an. Dafür benötigen Sie viel Hitze unter dem Topf, später kommt noch wenig Hitze auf den Deckel.
2. Nehmen Sie dann das Fleisch aus dem Dutch Oven und braten Sie das gewürfelte Gemüse an. Löschen Sie es mit Wein oder Brühe ab. Auf dieses Gemüsebett geben Sie das Heu.
3. Würzen Sie den Braten kräftig mit Salz und Pfeffer und legen ihn in das Heubett. Das Heu sollte rund um den Braten locker anliegen. Der Braten muss jetzt wenigstens 2 Stunden garen, um auch richtig weich zu werden. Schweinenacken wird nicht so leicht trocken wie Reh oder Lamm, daher sollten Sie bei den beiden letztgenannten Fleischsorten lieber etwas früher die Kerntemperatur prüfen. Das Schweinefleisch ist bei einer Kerntemperatur von 75 °C fertig, das Lamm und das Reh sollten innen noch rosa sein, also 65 °C haben.
4. Sobald der Braten gar ist, legen Sie ihn zum Ruhen zur Seite und geben das Gemüse und das Heu zusammen mit dem Bratenfond durch ein Sieb. Das Gemüse und das Heu sind nicht zum Verzehr geeignet. Kochen Sie die Sauce auf und binden Sie diese mit Mehl, Speisestärke oder Saucenbinder.
5. Servieren Sie den Heubraten mit Klößen, einem frischen Baguette oder einem deftigen Bauernbrot.

HÜHNER-CURRY

Ein leckeres Gericht mit einer etwas anderen Geschmacksnote als das übliche tomatenlastige Chili-/Bolognese-Einerlei. Traditionell wird es mit Maisbrei (eine Art Polenta) aus Maismehl gegessen, aber auch Reis passt gut dazu. Es schmeckt allen, und wenn man es gut schärft, ist es bei den Männern sehr beliebt. Die Knochen machen das Essen etwas komplizierter, aber sie geben den Geschmack.

Zutaten für 6–8 Portionen

1 Hähnchen, ca. 1,4 kg (oder Hühnerkeulen)
3 große Zwiebeln
2 Knoblauchzehen
2 Karotten
1 kleiner Kohlrabi
1 Aubergine
250 g Champignons
½ Sellerieknolle
1-2 Stangen Lauch
2 Paprika
800 ml Kokosmilch
1 Dose Ananas-Stückchen mit Saft
Pfeffer und Salz
3 EL Currypulver
Sambal Oelek oder Harissa Gewürzpaste
Wenn es gibt: frischer Ingwer und Zitronengras

SO WIRD'S GEMACHT

1. Schneiden Sie das Huhn in kleine Stücke, das Gemüse in kleine Würfel und den Lauch in Ringe. Der Trick ist, das Gemüse in unterschiedlich große Stücke zu schneiden, damit nicht alles zu einer Masse zerkocht. Stücke von der Größe eines Streichholzkopfes: Sellerie, Ingwer, Knoblauch. Stücke von Kirschgröße: Aubergine, Kohlrabi, Champignons. Die Paprika in etwa 1-Euro-große Stücke schneiden. Die Zwiebel in Achtel schneiden, sodass es keine Ringe, sondern Stücke gibt. Die Karotte in ganz dünne Scheiben oder besser in dünne Streifen schneiden.
2. Einen Dutch Oven kräftig einheizen. Halten Sie eine Schüssel mit den geschnittenen Zutaten bereit und eine leere Schüssel für die angebratenen Zutaten. Geben Sie eine halbe Tasse Öl in den Topf und braten Sie darin das Huhn in Portionen an, bis es rundum schön braun ist. Dann mit der Schaumkelle herausnehmen und in die leere Schüssel legen.
3. Nach und nach alle Hühnchenteile anbraten, dann in der Schüssel mit dem Currypulver bestäuben. Das Zitronengras nicht schneiden, man kann es nicht essen, nur verknoten, damit man es nach dem Kochen leichter herausfischen kann.
4. Nach und nach das Gemüse anbraten und ebenfalls in die Schüssel geben. Gießen Sie gegebenenfalls etwas Öl in den Topf nach.
5. Wenn alles angebraten ist, geben Sie die Ananas und die Kokosmilch zusammen mit den angebratenen Zutaten in den Topf und rühren vorsichtig einmal um. Würzen Sie mit Harissa oder Sambal Oelek, Salz und Pfeffer. Die Flüssigkeit sollte das Gemüse knapp bedecken.
6. Jetzt sollten Sie den Dutch Oven nur noch mit wenig Glut 2 Stunden köcheln lassen. Auf zu viel Glut wie beim Anbraten ist die Hitze viel zu groß und das Essen brennt unweigerlich an.

HINWEIS:

Das Gericht ist auch gut für afrikanische Potjes geeignet.

KASSELER MIT SAUERKRAUT

Dieses Kasseler mit Sauerkraut ist eines der schnellen Gerichte, die ich auch gerne in meiner Feldküche für 100 Leute mache. Im Brötchen ist es hervorragend für den Verzehr im Stehen geeignet. Wer das Gericht eher als Eintopf ausgeben will, der sollte das Fleisch in mundgerechte Stücke schneiden und unter das Sauerkraut mischen. Ich bevorzuge Kasselernacken, auch gerne am Knochen, lege aber immer noch etwas Kasseler aus dem Schweinelachs dazu. Manche mögen es nicht so gerne durchwachsen. Leider wird Kasselerlachs aber schnell trocken und benötigt besondere Umsicht.

Zutaten für 6–8 Portionen

2,5 kg Kasselernacken
1,5 kg Sauerkraut, frisch (oder zwei Dosen mit je 800 g)
5 große Zwiebeln, grob gewürfelt
5 Wacholderbeeren
2 Lorbeerblätter
1 kleine Dose Ananasstücke, nach Geschmack
dunkler Saucenbinder
1 Prise Zucker
Fett zum Braten
Pfeffer und Salz

SO WIRD'S GEMACHT

1. Braten Sie im Dutch Oven das Kassler im Stück von allen Seiten kräftig an, dann kommen die in grobe Würfel geschnittenen Zwiebeln dazu.
2. Gießen Sie einen Liter Wasser an und geben Sie die Gewürze dazu. So muss das Fleisch 1 Stunde schmoren.
3. Wenn Sie eine Sauce benötigen, dann sollten Sie jetzt den Bratenfond abschöpfen und zur Seite stellen. Ansonsten kommt das frische, rohe Sauerkraut dazu, weil das etwa ½ Stunde länger kochen muss, als das bereits gegarte aus der Dose. Beim Einsatz von Dosensauerkraut bauchen Sie nur ½ Stunde Garzeit. Wer mag, kann auch eine Dose Ananasstücke dazugeben.
4. Jetzt geht es ans Zusammenbauen: Kochen Sie für die Sauce den Bratenfond mit etwas Saucenbinder auf, bis er andickt. Nehmen Sie aus dem Sauerkraut die Wacholderbeeren und die Lorbeerblätter heraus. Schneiden Sie das Fleisch in Scheiben.
5. Zu Kasseler mit Sauerkraut passen Salzkartoffeln oder Roggenbrötchen.

HINWEIS:

Dieses Gericht eignet sich auch hervorragend für den Erdofen (siehe Foto). Durch die starke Hitze der Flammen kann man das Fleisch wunderbar anbraten und wenn es heruntergebrannt ist, gart das Sauerkraut im geschlossenen Erdofen einfach mit.

KRUSTENBRATEN

Ein Krustenbraten ist eines der Standardgerichte im Dutch Oven, aber leider auch eines der schwierigsten. Kaufen Sie das Fleisch fertig gepökelt, denn dann ist es schon gewürzt und bleibt saftig. Die Kunst ist es, eine schön aufgepoppte Kruste zu zaubern, was aber nur mit sehr heißer Kohle gelingt. Wichtig ist, dass Sie zuerst das Fleisch bei niedriger Temperatur weich garen. Dabei verbrennt die Kruste auch nicht. Erst zum Schluss wird die Kruste aufgeknuspert.

Zutaten für 6–8 Portionen

3 kg Krustenbraten, gepökelt
3–4 Zwiebeln, grob gehackt
2 Tassen Wurzelgemüse, gewürfelt
weißer Pfeffer
Flüssigkeit zum Angießen (Wasser, Brühe, Wein, Bier)

SO WIRD'S GEMACHT

1. Schneiden Sie die Schwarte rautenförmig mit einem scharfen Messer, am besten mit einem Teppichmesser, bis auf das Fett ein. Nicht zu tief, sonst klappt der Braten auf wie ein Igel. Denken Sie hier bereits an die Scheiben des fertigen Bratens, denn die aufgepoppte Schwarte lässt sich schlecht schneiden. Wenn Ihnen das zu umständlich ist, dann schneiden Sie die Schwarte beim Tranchieren einfach komplett ab und zerteilen sie mit einem großen, schweren Messer von der Fettseite her. Dann bekommt jeder Gast eine Scheibe Fleisch und einen Anteil Kruste.
2. Geben Sie die Zwiebeln und das Wurzelgemüse in den Topf und gießen Sie etwas Flüssigkeit an. Garen Sie den Braten zunächst mit wenig Hitze von unten und oben, lieber eine Stunde länger als am Anfang zu heiß. Sollte sich der Braten während des Garens so zusammenziehen, dass er schräg im Dutch Oven liegt, dann schneiden Sie eine Kartoffel oder Zwiebel passend zu, um damit den Braten wieder auszurichten. Dies kommt häufig bei der Unterschale vor, wenn sich ein Muskel zusammenzieht.
3. Wenn das Fleisch weich ist, nehmen Sie die Kohlen von unten weg und bedecken den Deckel komplett mit Kohlen, um die Kruste aufzupoppen. Sollte sich ein Teil der Schwarte zu schnell schwarz färben, dann decken Sie diesen Teil mit Alufolie ab.
4. Stellen Sie den fertigen Braten kurz warm und geben Sie den Bratenfond aus dem Topf durch ein Sieb. Sie können das Gemüse auch mit einem Mixer im Topf pürieren, dann müssen Sie die Sauce nicht andicken. Wichtig ist, dass der krosse Braten sofort auf den Tisch kommt und nicht zu lange warmgehalten wird, denn das zerstört die Kruste.

HINWEIS:

Für die Kruste brauchen Sie genug Oberhitze, die nur von einem ausreichend großen Deckel geliefert werden kann. Nehmen Sie auf keinen Fall den kleinsten Topf, in den der Braten gerade so hineinpasst, denn dann können Sie nicht genug Kohle auf dem Deckel platzieren, um die Kruste rundum aufzupoppen.

PAELLA

Eine Paella ist ein typisches Essen für die spanischen Bauern, die dieses Gericht auf dem Feld zubereitet haben. Es besteht aus einer besonderen Reis-Sorte, die viel Stärke abgibt und als Paella-Reis angeboten wird. Sollten Sie diesen nicht bekommen, geht zur Not auch Rundkornreis, wie er für Milchreis verwendet wird. Es gibt keine „typische" oder „Original"-Paella, denn als „Arme-Leute-Essen" hat man genommen, was da war. Und wenn Sie keine Muscheln mögen, dann lassen Sie diese eben weg. Als Fleisch wird in Spanien sehr oft Kaninchen verwendet, die sind hier aber schlecht zu bekommen, und Hühnerkeulen sind ein guter Ersatz. Man kann die Paella auch in einer schweren großen Pfanne über einem Feuer zubereiten. Gegessen wird sie traditionell gemeinsam direkt aus der Pfanne oder dem Dutch Oven.

Zutaten für 4 Portionen

8 Venusmuscheln oder 1 kg Miesmuscheln
12 Shrimps
4 Hühnerkeulen
1 Zwiebel
1 rote Chilischote
1 große Knoblauchzehe
½ Tasse Olivenöl
2 Tomaten
3 Tassen Hühnerbrühe
2 Tassen Reis
1 kleine Dose Artischockenherzen
1 Tasse Erbsen
½ Tasse Oliven
Safran, Paprika, Oregano
Pfeffer und Salz

SO WIRD'S GEMACHT

1. Das Olivenöl in einem Dutch Oven erhitzen. Die Hühnerkeulen häuten und etwa 15 Minuten anbraten, anschließend herausnehmen.
2. Den Knoblauch pressen, die Zwiebeln würfeln, die Chili waschen und klein schneiden. Zusammen mit den gewürfelten Tomaten und Oliven einige Minuten anschwitzen.
3. Die Hühnerkeulen, etwas Wasser, die Brühe und die restlichen Gewürze hinzufügen und 10 Minuten köcheln lassen. Den Reis hinzufügen und kurz aufkochen lassen.
4. Die Shrimps und die Muscheln waschen und gegebenenfalls schälen. Zusammen mit den Artischockenherzen und den Erbsen in den Topf geben und mit geschlossenem Deckel so lange kochen, bis sich die Muscheln öffnen.
5. Den Deckel abnehmen und die Paella kräftig umrühren, damit die überschüssige Flüssigkeit verdampfen kann. Wer die Muschelschalen in der Paella nicht mag, kann die Muscheln auch separat kochen, die Schalen entfernen und nur das Muschelfleisch kurz vor dem Servieren zugeben. Mit Weißbrot servieren.

POT ROAST

Leser fragen mich oft nach einem einfachen Rezept, mit dem sie ein Stück Fleisch schnell und unkompliziert in einem Dutch Oven zubereiten können. Ich mache es hier mit einem Grundrezept besonders einfach und gebe Ihnen viel Spielraum für eigene Interpretationen.

Zutaten

1 Stück Fleisch, Art und Größe nach Geschmack
Gemüse, nach Geschmack und Angebot
Gewürz, nach Geschmack
Flüssigkeit zum Aufgießen (was man gerade zur Hand hat, Wasser, Bier, Wein, Brühe)
Fett zum Anbraten

Erweiterungen:

- Sie können beim Anbraten Tomatenmark dazugeben, dann wird die Sauce besonders dunkel.
- Nach dem Schmoren können Sie den Braten entfernen und ihn auf dem Deckel warmstellen. In der Zwischenzeit können Sie mit einem Pürierstab das zerkochte Gemüse pürieren und so die Sauce andicken.
- Die Sauce können Sie auch mit fertigem Saucenbinder oder Speisestärke, angerührt mit etwas Wasser, andicken.
- 30–45 Minuten bevor der Braten fertigt ist, können Sie in der Sauce Kartoffeln mitkochen.

SO WIRD'S GEMACHT

1. Geben Sie zum Anbraten Fett in den Dutch Oven und erhitzen Sie diesen sehr stark, bis das Fett raucht. Das kann mit Glut geschehen, oder auch hängend über dem Lagerfeuer. Braten Sie das Fleisch von allen Seiten scharf an.
2. Geben Sie das Gemüse dazu und braten Sie dieses auch an. Dann würzen Sie mit Ihrer Lieblings-Würzmischung oder was gerade zur Hand ist – Salz darf aber niemals fehlen.
3. Löschen Sie mit Flüssigkeit ab, bis der Braten zur Hälfte in der Flüssigkeit liegt. Reduzieren Sie die Hitze, bis es im Topf nur noch leise simmert. Mit dieser reduzierten Hitze schmoren Sie den Braten für das erste Pfund Gewicht 1 Stunde und für jedes weitere Pfund 15 Minuten länger. Das ist aber nur ein Anhalt, denn eine zarte Putenbrust ist schneller weich als eine alte Milchkuh. Zum Testen stechen Sie mit einer Gabel in das Fleisch, Sie dürfen dabei die einzelnen Muskelhäute nicht mehr spüren, sondern der Stich sollte durchgehen wie durch einen Hackbraten.
4. Zum Servieren nehmen Sie das Fleisch aus dem Topf, dicken die Sauce etwas an und geben das geschnittene Fleisch wieder in die Sauce zurück.

HINWEIS:

Hier können Sie sehr gut günstige Fleischstücke verwenden, die lange schmoren müssen, beispielsweise ein Zungenstück oder eine Hochrippe vom Rind, aber auch Schweinenacken. Bei Wild eignen sich gut die Blätter mit Knochen.

ROULADEN

Rinderrouladen sind ein Highlight der deutschen Alltagsküche. Durch die lange Schmorzeit eignen sie sich hervorragend für den Dutch Oven. Achten Sie beim Kauf darauf, dass das Rouladenfleisch schön dünn ist. Für die Füllung den Speck in lange Streifen schneiden, die Gewürzgurken längs vierteln und das Fleisch um die Streifen rollen. Ein echter Hingucker sind Rouladen in einem flachen 16 Zoll Dutch Oven (ca. 10 Liter), dann passen 16–18 Stück hinein. In diesem Fall mache ich mir nicht die Mühe, die Rouladen mit Bindfaden zusammenzubinden, sondern lege sie einfach dicht an dicht in den Topf und brate sie mit viel Hitze von oben und unten an.

Zutaten für 4 Portionen

1 kg Rouladenfleisch (4 Scheiben)

Füllung

100 g Speck, in vier fingerlange Stücke geschnitten
2 Zwiebeln, in feine Würfel geschnitten
1 Gewürzgurke, längs geviertelt
Senf
Pfeffer und Salz

Zum Braten

2 EL Butterschmalz
2 Zwiebeln, in grobe Würfel geschnitten
2 Karotten, in grobe Scheiben geschnitten
1 Stück Sellerie
1 EL Tomatenmark
1 Glas trockener Rotwein
500 ml Rinderfond
Pfeffer und Salz
2 EL Pilzpulver (getrocknete, zermahlene Pilze, geht auch ohne)
2 EL Paprikapulver, rosenscharf
1 Prise Zucker
etwas Sahne (oder Saucenbinder)

SO WIRD'S GEMACHT

❶ Legen Sie das Rouladenfleisch auf ein Schneidbrett und bestreichen Sie es mit Senf, legen Sie den Speck und das Gurkenviertel auf eine Seite. Den Rest der Roulade bestreuen Sie mit den Zwiebelstückchen und würzen Sie abschließend alles kräftig mit Pfeffer und Salz. Rollen Sie die Roulade ein und binden Sie diese mit Küchengarn zusammen.

❷ Zum Anbraten geben Sie Butterschmalz in den Dutch Oven und braten die Rouladen von allen Seiten scharf an. Stellen Sie das Fleisch anschießend im Deckel warm.

❸ Geben Sie die Zwiebeln, die Karotten und den Sellerie in den Dutch Oven und braten alles zusammen kräftig an. Schieben Sie eine Stelle auf dem Topfboden frei und braten Sie dort das Tomatenmark kurz an. Löschen Sie mit dem Rotwein ab und lassen Sie diesen etwas reduzieren. Gießen Sie den Rinderfond an und lösen Sie durch Rühren den Bratensatz. Würzen Sie diese Sauce mit Pfeffer, Salz, Pilzpulver, Paprikapulver und Zucker.

❹ Geben Sie die Rouladen zurück in den Dutch Oven, sie sollten wenigstens zur Hälfte in der Sauce liegen. Die Kochzeit beträgt mindestens 2 Stunden – besser sind 3 Stunden. Während des Schmorens sollten Sie die Rouladen ab und zu wenden und prüfen, ob das Fleisch schon mürbe geworden ist.

❺ Kurz vor dem Servieren binden Sie die Sauce mit einem Schuss Sahne oder mit Saucenbinder. Als Beilage passen Knödel oder Spätzle mit Rotkohl und Rotweinbirnen.

SCHICHTFLEISCH

Schichtfleisch mal anders

81

Schichtfleisch ist mittlerweile der Dutch-Oven-Klassiker schlechthin. Das Gericht ist nicht nur wunderbar einfach, man kann auch mit Gewürzen und Steaksaucen experimentieren. Mit der Fleischsorte würde ich nicht experimentieren, denn nur durchwachsener Schweinenacken wird auch saftig, andere magere Sorten werden leicht trocken und strohig. Oft liest man bei Schichtfleisch vom „Opferspeck", der unten in den Topf gelegt wird, um zu kochen und so geopfert zu werden. Das ist Unsinn, das braucht man nicht. Bacon ist für Schichtfleisch sowieso nicht gut zu gebrauchen, weil er sehr dünn ist und kaum Geschmack hat, denn den entwickelt er erst, wenn er angebraten wird. Ich verwende daher lieber Gelderländer Bauchspeck, der vor dem Räuchern abgeschwartet wird. So kommt der Rauchgeschmack mit in den Topf. Im Ganzen gekauft und auf der Aufschnittmaschine 3-4 mm dick geschnitten, ist das eine ganz andere Liga. Schichtfleisch kann man gut draußen servieren: Einfach ein Brötchen zu zwei Dritteln durchschneiden, aufklappen und das Fleisch hineinlegen. Sollten die Fleischscheiben zu groß sein, kann man sie noch einmal durchschneiden, damit man sie später besser portionieren kann. So braucht man keine Teller und kein Besteck.

Zutaten für 6–8 Portionen

2,5 kg Schweinenacken, in Scheiben geschnitten
Steak-Gewürz
2–3 große Gemüsezwiebeln
15 Scheiben Räucherspeck, jeweils ca. 3–4 mm dick
1 Tasse Steaksauce nach Wahl, ein rauchiger Ketchup tut es auch

SO WIRD'S GEMACHT

1. Würzen Sie die Schweinenackenscheiben mit dem Steak-Gewürz und schneiden Sie die Zwiebeln in etwa 5 mm dicke Scheiben.
2. Stellen Sie den Dutch Oven auf die Seitenwand und schichten Sie die Zutaten abwechselnd stramm hinein, sodass das Schichtfleisch später senkrecht im Topf steht. Es ist hilfreich das Fleisch in zwei Haufen zu teilen, wenn der erste Haufen eingeschichtet ist, sollte der Topf auch halb gefüllt sein. Restliche Zwiebeln stopfen Sie an den Rand und Speckstreifen kommen oben auf die Masse.
3. Zum Schluss übergießen Sie alles mit einer Tasse Ketchup oder Steaksauce. Dies ist die einzige Flüssigkeit, die Sie hinzugeben, der Rest bildet sich aus dem Bratensaft und den Zwiebeln.
4. Geben Sie einige glühende Kohlen unter den Topf und auf den Deckel und lassen Sie das Schichtfleisch etwa 2 Stunden garen, bis die ersten Stücke braun sind. Sie können das Schichtfleisch mit drei Kohlen unter dem Topf lange ohne Qualitätseinbußen warmhalten und so gestaffelt ausgeben.

HINWEISE:

Grillgewürze nur mit Vorsicht verwenden. Viele Mischungen enthalten viel Salz, sodass die gewürzten Speisen – vor allem in Verbindung mit Speck – schnell versalzen. Besser ist es, das Grillgewürz mit wenig oder gar keinem Salz selbst zu mischen.

Ein guter Schweinenacken wiegt 2,5 kg, eventuell etwas mehr, und passt gut in einen Dutch Oven mit ca. 8 Litern Inhalt – das reicht für 9–12 Esser. Für kräftigere Esser wie Jäger oder Studenten reicht es für 6 Portionen. Man kann etwa 20 Brötchen damit füllen.

Sie können das Schichtfleisch am Abend einschichten und über Nacht im Kühlschrank aufbewahren, um es am nächsten Tag zu kochen.

SCHNITZELPFANNE

Ein tolles Partygericht, das immer gut ankommt und sich super vorbereiten lässt. Sie können Schwein verwenden, aber auch andere Fleischsorten sind geeignet. Mit Fleisch vom Nacken wird das Gericht etwas herzhafter. Schneiden Sie die Schnitzel nicht zu groß, sie lassen sich dann später leichter auf den Teller heben.

Zutaten für 6–8 Portionen

2 kg Schnitzelfleisch
Fett zum Braten
4 große Zwiebeln, in Würfel geschnitten
250 g geräucherter Bauchspeck, in Würfel geschnitten
1 kg frische Champignons, in Scheiben geschnitten
Pfeffer und Salz
12 Scheiben Chesterkäse
3 Stangen Lauch, den weißen Teil in Ringe geschnitten
1 l Schlagsahne
1 EL Currypulver (nach Geschmack auch mehr)
2 EL Paprikapulver, rosenscharf
400 g Reibkäse

SO WIRD'S GEMACHT

1. Geben Sie Fett in den Dutch Oven und braten Sie die Zwiebeln, den Speck und die Champignons an. Nehmen Sie anschließend alles aus dem Topf.
2. Schneiden Sie aus dem Fleisch dünne Schnitzel und würzen Sie diese mit Pfeffer und Salz. Sie können die Schnitzel anbraten, damit sie mehr Farbe bekommen, aber Sie können diesen Schritt auch weglassen – das Fleisch wird auf jeden Fall gar.
3. Schichten Sie die dünnen Schnitzel in den Dutch Oven und belegen Sie diese mit den Käsescheiben. Dabei kann das Fleisch ruhig etwas an der Wand hochstehen. Geben Sie die angebratene Zwiebel-Speck-Champignon-Masse über die Schnitzel und fügen Sie dann die rohen Lauchringe hinzu.
4. Mischen Sie die Sahne mit Pfeffer, Salz, dem Curry- und dem Paprikapulver und geben Sie diese Mischung zu den anderen Zutaten in den Dutch Oven. Mit wenig Hitze von unten und mittlerer Hitze auf dem Deckel 1-1 ½ Stunden backen, bis das Fleisch schön weich ist.
5. Streuen Sie in der letzten Viertelstunde der Backzeit den Käse über das Gericht. Nehmen Sie die Kohlen von unten weg und legen Sie sie zusätzlich auf den Deckel, damit alles schön gratiniert. Dazu passen Nudeln oder ein frisches Baguette.

SPARGEL

Wenn im Frühjahr der Spargel sprießt, sollte jeder Dutch-Oven-Enthusiast diesen einmal im schwarzen Topf zubereiten. Ich bin selber auf einem Spargelhof aufgewachsen, aber bin sicher, dass meine Großmutter ihn auch so zubereitet hätte, wenn sie die Dutch Oven gekannt hätte. Wir reden ausschließlich von weißem Spargel, grüner Spargel findet bei uns nicht statt.

Zutaten pro Portionen

500 g Spargel, ungeschält (ergibt ca. 350 g)
1 TL Butter
1 Spritzer Zitronensaft
Zucker und Salz

61

SO WIRD'S GEMACHT

1. Schälen Sie den Spargel und legen Sie diesen in den trockenen Dutch Oven. Dann geben Sie etwas Zucker und Salz, die Butter und einen Spritzer Zitronensaft darüber,
2. Mit mittlerer Hitze von oben und unten lassen Sie den Spargel zunächst 10 Minuten garen. Dann schauen Sie nach, ob sich schon Flüssigkeit gebildet hat. In diesem Moment brennen die Stangen gerne an, wenn der Topf schräg steht und die Flüssigkeit auf eine Seite läuft. Hier müssen Sie gegebenenfalls umschichten.
3. Nach weiteren 10–15 Minuten sollte der Spargel weich sein. Der Kenner isst den Spargel, wenn er weich ist und ganz leicht rechts und links von der Gabel hängt, auf keinen Fall „al dente". Da die Stangen sehr unterschiedlich in der Dicke sein können, kann man für die Zeit keine genauen Angaben machen, hier müssen Sie einfach ab und zu probieren.
4. Servieren Sie den Spargel mit Baked Potatoes (siehe Seite 94) und Schnitzel oder Rührei. Dazu die geschmolzene Butter vom Spargel servieren.

HINWEIS:

Nehmen Sie auf jeden Fall die violette Sorte, die leicht bläuliche Farbe der Köpfe verschwindet beim Kochen. Der Kenner isst auch nicht die dicken Stangen, sondern die Klasse bis 16 mm, evtl. bis 22 mm, darüber hinaus sind sie leicht holzig.

TORTILLA-LASAGNE

Tortillas sind eines der wichtigsten Lebensmittel beim Viehtreck. Nicht nur, weil dort die Tex-Mex-Küche weit verbreitet ist, sondern auch, weil sich diese Weizenfladen gut halten und flexibel einzusetzen sind. Die runden Tortillas bieten sich geradezu an, wie eine Lasagne mit gebratenem Hackfleisch und einer würzigen Sauce in einem Dutch Oven gestapelt zu werden. Mit Käse überbacken, erhält man ein schnelles, aber äußerst schmackhaftes Mahl aus nur einem Topf. Die Tortillas sind weich geworden und haben den Geschmack der Sauce aufgesaugt.

Zutaten für 8 Portionen

8 Tortillas aus Weizenmehl
2 Dosen Bohnenpüree
1 großes Glas Salsa-Sauce

Füllung

1 kg Hackfleisch (Rind oder gemischt)
2 große Zwiebeln, fein gehackt
2 Knoblauchzehen, fein gehackt
Jalapeños nach Geschmack, gehackt
1 große Dose gestückte Tomaten
1 große Dose Kidney-Bohnen
1 Dose Mais
500 g Käse, gerieben (vorzugsweise Cheddar)
Fett zum Braten
Wasser oder Brühe zum Ablöschen
Chilipulver
Oregano
Pfeffer und Salz

SO WIRD'S GEMACHT

1. Geben Sie etwas Fett in einen Dutch Oven und braten Sie das Hackfleisch gut zerkleinert an. Geben Sie es anschließend in eine separate Schüssel.
2. Dünsten Sie nun die Zwiebeln, den Knoblauch und die Jalapeños im Dutch Oven glasig und weich und geben diese zum Hackfleisch. Fügen Sie Dosentomaten, Bohnen und Mais hinzu. Sollte die Masse zu trocken sein, geben Sie etwas Wasser oder Brühe hinzu, bis sie so flüssig ist wie ein Chili. Fügen Sie zum Schluss etwa die Hälfte des geriebenen Käses hinzu und verrühren Sie alles noch einmal gründlich.
3. Zum Schichten füllen Sie etwas von der Masse unten in den Dutch Oven, dann kommt eine mit Bohnenmus bestrichene Tortilla, wieder Füllung, eine Schicht Salsa und etwas von dem Käse.
4. Jetzt beginnt das Schichten wieder von vorne. Die letzte Schicht bildet die Füllung. Darauf kommt reichlich Käse: Etwa die Hälfte bis zwei Drittel der kompletten Käsemenge sollte zum Überbacken oben auf die Lasagne gestreut werden. Würde man den Käse direkt auf eine Tortilla verteilen – ohne die Füllung – würde das Gericht zu trocken.
5. Zum Backen erhitzen Sie den Topf mit mittlerer Hitze von unten und warten, bis der ganze Inhalt richtig kocht, dann legen Sie so viele Briketts wie möglich auf den Deckel und überbacken den Käse.

GRILLHAXEN

Grillhaxen sind eigentlich Eisbeine vom Schwein, bei denen ein Teil der Schwarte und ein Muskel entfernt wurden, um die Zubereitung zu erleichtern. Außerdem sind sie nicht ganz so groß und damit handlicher. Ich bevorzuge die fertig gepökelten, weil sie einen angenehmen Pökelgeschmack haben und das Fleisch rosa ist. Das kleinere Stück Schwarte reicht aus, weil sowieso immer ein Teil unten liegt und nicht knusprig wird. Vor dem Garen die Schwarte mit einem Cuttermesser einschneiden. Wie beim Krustenbraten sollten Sie die Haxen zuerst weich schmoren und dann die Kruste knusprig braten. Wer keine fertigen Haxen bekommt, kann sie auch selbst pökeln.

Zutaten für 4 Portionen

4 Grillhaxen
Fett zum Braten
4 Zwiebeln, in grobe Ringe geschnitten
2 Karotten, in grobe Scheiben geschnitten
2 Tassen Brühe zum Aufgießen

Für die 6 % Pökellake (pro Liter Wasser)

1 Liter Wasser
64 g Nitritpökelsalz
1 Lorbeerblatt
5 Pfefferkörner
3 Wacholderbeeren
3 Pimentkörner

SO WIRD'S GEMACHT

1. Bereiten Sie die Pökellake je nach Größe der Haxen 3–5 Tage vor der eigentlichen Zubereitung des Gerichtes vor. Geben Sie dafür die Gewürze der Pökellake in 1 Liter Wasser und kochen Sie die Mischung auf. Nach dem Erkalten geben Sie das Pökelsalz dazu. Waschen Sie in der Zwischenzeit die Haxen und legen Sie sie anschließend in die erkaltete Lake.
2. Nach der Pökelzeit nehmen Sie die Haxen aus der Lake und waschen sie ab. Es schadet nicht, wenn Sie die Haxen 1 oder 2 Stunden in frisches Wasser legen – das mildert etwas den Salzgehalt an der äußeren Schicht.
3. Heizen Sie den Dutch Oven mit reichlich Kohlen von unten an und geben Sie etwas Fett hinein. Braten Sie die Haxen von allen Seiten an, bis sie eine schöne Farbe angenommen haben. Nehmen Sie das Fleisch aus dem Dutch Oven.
4. Legen Sie den Dutch Oven mit den Zwiebeln und den Karotten aus. Darauf platzieren Sie die Haxen und gießen die Brühe an.
5. Schmoren Sie die Haxen mit wenig Hitze von unten und oben, bis das Fleisch von den Knochen fällt. Kontrollieren Sie, ob der Dutch Oven in dieser Zeit trockenkocht.
6. Wenn die Haxen schön weich sind, nehmen Sie die Kohlen unten weg und geben so viele Kohlen auf den Deckel, wie draufpassen. Drehen Sie die Haxen so, dass die große Fleischportion mit der Schwarte oben liegt.
7. Nutzen Sie die starke Oberhitze, um eine schöne Bräunung zu erzeugen. Als Beilage eignen sich Sauerkraut und Klöße, in Bayern wird eine Haxe traditionell mit Graubrot gegessen.

HINWEIS:

Pökelsalz erhalten Sie im Internet oder in ausgewählten Geschäften.

WIRSINGROULADEN

61

Kohlrouladen sind ein Klassiker der Alltagsküche und an sich nichts Besonderes, aber durch den Dutch Oven bekommen Sie einen raffinierten Geschmack. Ein weiterer Pluspunkt: Der penetrante Kohlgeruch hängt nicht in der Küche. Zum Blanchieren nutze ich lieber einen Edelstahltopf, um die Patina des Dutch Ovens zu schonen. Der Edelstahltopf wird auf den Kohlen genauso heiß, wie ein gusseiserner, Sie brauchen nur eine Möglichkeit, ihn eine Handbreit über die Kohlen zu stellen, ein Topfständer oder Pfannenknecht ist da gut geeignet, ansonsten nehmen Sie eben Ihren Dutch Oven. Ölen Sie ihn anschließend gut ein.

Zutaten für 4 Portionen

1 Wirsingkohl
500 g Hackfleisch, halb und halb
2 altbackene Brötchen
1 Zwiebel, fein gewürfelt
100 ml Milch
1 Ei
1 l Brühe
Muskat
Paprikapulver
Salz und Pfeffer
Fett zum Braten

SO WIRD'S GEMACHT

1. Zunächst weichen Sie die Brötchen in der Milch ein. Dann setzen Sie einen großen Topf mit Salzwasser auf. Lösen Sie die großen Blätter von dem Wirsing möglichst komplett ab und schneiden die Blattrippe dünner. Sobald das Wasser kocht, geben Sie die Wirsingblätter für 30 Sekunden portionsweise in das kochende Wasser und blanchieren sie. Nehmen Sie die Blätter heraus und schrecken Sie diese in einer Schüssel mit kaltem Wasser ab, um ein Weitergaren zu unterbinden.
2. Den restlichen Kohl schneiden Sie in Viertel und entfernen den Strunk. Drücken Sie die Brötchen aus und geben Sie diese in eine Schüssel. Dazu kommen das Hackfleisch, die fein gewürfelte Zwiebel und das Ei. Mischen Sie alles gut durch und würzen Sie mit Pfeffer, Salz, Muskat und Paprikapulver.
3. Nehmen Sie etwas von dieser Masse und wickeln diese in 1–2 Blätter Wirsing. Je nach Geschmack bekommen Sie aus der Füllung 6–12 Rouladen. Die einen mögen lieber große, die anderen lieber mehrere kleine. Dann binden Sie die Rouladen jeweils mit etwas Küchenband zusammen.
4. Erhitzen Sie im Dutch Oven etwas Fett und braten Sie die Rouladen von allen Seiten scharf an. Dann nehmen Sie die Rouladen aus dem Topf und braten den restlichen Wirsing an, wobei er kräftig zusammenfällt.
5. Geben Sie die Rouladen zurück auf die angebratenen Blätter und gießen Sie mit der Brühe auf. Falls die Flüssigkeit nicht reichen sollte, nehmen Sie einfach Wasser. Sie brauchen nur wenig Hitze von unten und von oben. Wichtig ist, dass der Topf immer leise simmert. Nach 1 Stunde sollten die Wirsingrouladen gar sein.
6. Wirsingrouladen werden traditionell mit Salzkartoffeln gegessen. Sie können aber auch grobes Bauernbrot dazu reichen, was eher zu einer rustikalen Outdoorküche passt.

HINWEIS:

Als Alternative können Sie die Rouladen auch mit Weißkohl machen, was allerdings eine deutlich längere Garzeit erfordert.

BAKED BEANS

Baked Beans aus dem Erdofen

Gebackene Bohnen sind ein traditionelles Gericht im amerikanischen Westen. Jeder Trapper hatte in der Mitte seiner Bettrolle einen länglichen Beutel mit getrockneten Bohnen, die er über Nacht langsam am Lagerfeuer buk. Daraus hat sich die Beilage „Baked Beans" entwickelt. Traditionell bestehen die Zutaten aus getrockneten Bohnen – gleich welcher Farbe oder Sorte – Speck, braunem Zucker und/oder Molasse, Salz, Pfeffer und Senfpulver.

Zutaten für 15–20 Portionen

1,5 kg getrocknete weiße Bohnen, (oder Wachtel-, Kidneybohnen)
500 g Speck, in grobe Stücke geschnitten
2 Zwiebeln, gewürfelt
2 EL Senfkörner, frisch gemahlen
1 EL Pfeffer, frisch gemahlen
2 Tassen brauner Zucker
Salz zum Abschmecken
Wasser zum Kochen

SO WIRD'S GEMACHT

1. Die Bohnen am Vorabend in Wasser quellen lassen und darauf achten, dass sie immer gut mit Flüssigkeit bedeckt sind. Je besser die Bohnen jetzt quellen, desto weniger Wasser nehmen sie beim Kochen auf und Sie können so die Flüssigkeit besser justieren.
2. Gießen Sie das Wasser am nächsten Morgen ab. Den Speck in pflaumengroße Stücke schneiden und zusammen mit den Zwiebeln im Dutch Oven anbraten. Dann die abgegossenen Bohnen dazugeben und alles einmal durchmischen.
3. Gießen Sie Wasser auf, bis die Flüssigkeit 2 Fingerbreit über den Bohnen steht. Backen Sie die Bohnen mit wenig Hitze von oben und unten, bis sie fast gar sind. Sie sollen nur ganz leicht simmern.
4. Den Senf, den Pfeffer und den braunen Zucker hinzugeben und die Bohnen weiter backen, bis sie weich sind – insgesamt dauert das etwa 2 Stunden.
5. Schmecken Sie alles mit Salz ab. Sie sollten es schön kräftig herausschmecken, denn die Bohnen nehmen noch etwas von dem Salz auf.

HINWEIS:

Die Herausforderung dieses Gerichts besteht in der langen Kochzeit. Legen Sie immer mal wieder wenige Kohlen nach und zünden Sie die neue Kohle an der bereits glühenden an. Noch besser geht es in einem Erdofen (siehe Foto).

BAKED POTATOES

Kartoffeln auf dem Salzbett

Zu einem zünftigen BBQ gehören auch gebackene Kartoffeln. Die besten gebackenen Kartoffeln kommen aus dem Dutch Oven. Der Trick dabei ist, die dicken Kartoffeln in ein Bett aus Salz zu setzen. Das verteilt die Hitze gleichmäßiger und die Kartoffeln bekommen an der unteren Auflagefläche keinen Brandfleck. Wer noch richtig Geschmack an die Sache bringen möchte, der schmilzt Butter in einer Pfanne und schwitzt darin einige ganze, nur etwas angedrückte Knoblauchzehen an. Diese aromatisierte Butter ziehen Sie in einer Marinadenspritze auf und spritzen sie in die bereits weichen Kartoffeln. Lassen Sie die injizierten Kartoffeln noch 10 Minuten ruhen.

Zutaten

Kartoffeln
Salz, grob
Butter, nach Wahl
Knoblauchzehe, nach Wahl

SO WIRD'S GEMACHT

1. Damit Baked Potatoes ihren typischen Geschmack bekommen, brauchen Sie mehligkochende Kartoffeln und grobes Salz. Verteilen Sie auf dem Boden des Dutch Ovens eine fingerbreite Schicht Salz, dann drücken Sie die Kartoffeln vorsichtig einzeln hinein.
2. Geben Sie den Deckel auf den Topf und backen die Kartoffeln bei mittlerer Hitze von oben und unten. Stechen Sie die Kartoffeln nach 1 Stunde mit einer Gabel an, um zu prüfen, wie weit sie sind. Da Kartoffeln sehr unterschiedlich garen, kann man keine genaue Zeit angeben, wann sie verzehrbereit sind. Daher sollten Sie mit der Zubereitung der Kartoffeln lieber früher anfangen und diese, sobald sie fertig sind, mit wenig Glut auf dem Deckel warmhalten. Sie leiden geschmacklich nicht darunter und es ist allemal besser, als halbgare Kartoffeln aufzutischen.

HINWEISE:

Diese Kartoffeln sind im Sommer mit Quark ein herrliches Hauptgericht und Sie können den ganzen Topf mit Kartoffeln – auch übereinander – füllen, auch mit Drillingen.

Wir nutzen bei Veranstaltungen diese günstige und leicht herzustellende Beilage, allerdings mit festkochenden kleinen Kartoffeln wie Linda oder Belana, auch die rotschalige Anabell ist ausgezeichnet geeignet. Die Kartoffeln lassen sich gut im geschlossenen Topf warmhalten. Viele Gäste fühlen sich an Ihre Kindheit erinnert und essen die Kartoffeln gleich mit etwas Salz aus der Hand.

BAYRISCH KRAUT

Bayrisch Kraut ist eine preiswerte und schnell zubereitete Beilage zu Schweinebraten, Bratwürsten oder Haxen und ein Klassiker der Münchner Küche. Kümmel gehört zu bayerischen Gerichten einfach dazu, aber nicht jeder mag ihn. Dann können Sie den ganzen Kümmel weglassen und durch gemahlenen ersetzen, das merken die Gäste meist gar nicht. Aber er hilft, den Kohl besser zu verdauen.

Weißkohl war jahrhundertelang eines der Hauptnahrungsmittel, weil er im Keller oder auf dem Feld lange frisch bleibt. Da immer nur Sauerkraut auf Dauer zu eintönig ist, wurde Weißkohl als Bayrisch Kraut zubereitet. Ohne Speck gilt er auch als Fastenspeise und wird mit Schupfnudeln serviert.

Zutaten für 6 Portionen
1 kg Weißkohl
200 g Rippenspeck, gewürfelt
1 Zwiebel, gewürfelt
2 EL Schmalz, zum Braten
500 ml Brühe
1 Schuss Essig
Pfeffer und Salz
1 EL Zucker
Kümmel, nach Geschmack, aber wenigstens 1 EL

61

SO WIRD'S GEMACHT

1. Braten Sie im Dutch Oven den gewürfelten Speck und die gewürfelte Zwiebel in dem Schmalz an.
2. Geben Sie für etwas mehr Bräune den Zucker dazu.
3. Schneiden Sie den Kohl in dünne Streifen und geben Sie ihn ebenfalls in den Topf. Dort anschwitzen, bis er zusammenfällt. Geben Sie dann die Brühe hinzu und würzen Sie kräftig mit Essig, Pfeffer, Salz und Kümmel.
4. Nach ½–¾ Stunde sollte das Bayrisch Kraut weich sein, aber noch Biss haben.

HINWEIS:

Aufgrund der Säure muss das Gericht schnell aus dem Gusseisentopf heraus und umgefüllt werden. Es sollte nicht über Nacht in dem Topf bleiben.

SAUERTEIGBRÖTCHEN AUS WEIZENMEHL

Diese Sauerteigbrötchen sind der ganze Stolz eines Lagerfeuerkochs. Sie sind als Beilage zu Fleisch oder Bohnen gedacht. Für ein echtes Cowboy-Frühstück werden sie mit einer Hackfleischsauce nach alter Art serviert. Für die traditionelle Sauce wird Hackfleisch angebraten, dann aus der Pfanne genommen, das restliche Fett mit Mehl bestäubt und diese Mehlschwitze hellbraun wie Milchkaffee angeschwitzt. Dann wird das Fleisch zurück in die Pfanne gegeben und mit Milch abgelöscht. Gewürzt wird herzhaft mit Pfeffer und Salz. So erhalten Sie „Biscuits and Gravey".

Zutaten für 4–6 Portionen

4 Tassen Sauerteigstarter aus Weizen
4 Tassen Weizenmehl Type 405 oder 550
1 TL Salz
2 EL Zucker
1 Pkt. Backpulver
100 g flüssige Butter

11 l

SO WIRD'S GEMACHT

1. In einer Schüssel drücken Sie in die Mitte des Weizenmehls eine Vertiefung und geben dort alle Zutaten hinein. Mischen Sie alles zusammen und kneten Sie daraus einen geschmeidigen Teig.
2. Stechen Sie vom Teig golfballgroße Stücke ab und formen Sie runde Brötchen. Sie können den Teig auch 1 ½ Fingerbreit ausrollen und mit einem Glas die Portionen ausstechen.
3. Geben Sie die bemehlten Teiglinge in einen Dutch Oven und bestreichen Sie die Oberseite mit geschmolzener Butter.
4. Wenn sich der Teig verdoppelt hat, backen Sie die Brötchen mit moderater Hitze von unten und oben etwa 30 Minuten.

HINWEISE:

Das Gegenteil vom Greenhorn kennt kaum jeder, es ist der „Old Sourdough"; der mit Sauerteig backen konnte.

Sauerteigstarter bekommen Sie im Supermarkt bei den Backzutaten, den müssen Sie nur einige Tage immer weiter vermehren, bis er schön blasig ist und säuerlich riecht.

DUTCH-OVEN-KARTOFFELN

Kartoffeln sind nicht nur preiswert und sättigend, sie können auch köstlich zubereitet werden. Eine Möglichkeit ist, Kartoffeln mit Speck und Zwiebeln im Dutch Oven zu garen. In Amerika werden solche Gerichte gerne zum Frühstück gegessen. Aber auch in deutschen Wäldern, auf Campingplätzen oder einfach zu Hause sind sie ein guter Start in den Tag. Als Beilage zu Braten oder Kurzgebratenem sind sie sehr beliebt.

Zutaten für 4 Portionen

250 g Speck, gewürfelt
½–1 Zwiebel, gewürfelt
1 kg festkochende Kartoffeln, geschält und in Scheiben geschnitten
Pfeffer und Salz
1 Tasse Wasser oder Brühe, ggfs. mehr
geraspelter Käse zum Bestreuen

SO WIRD'S GEMACHT

1. Den gewürfelten Speck und die gewürfelten Zwiebeln im Dutch Oven in etwas Öl anbraten. Anschließend die Kartoffelscheiben hinzugeben und das Ganze gut würzen und durchmischen. Je nach Geschmack können auch andere Gewürze, wie zum Beispiel scharfes Paprikapulver etc., verwendet werden.
2. Die Tasse Wasser oder Brühe angießen, damit die Kartoffeln zunächst im Dampf garen, bis die Flüssigkeit verdampft ist. Den Deckel auf den Dutch Oven legen und mit Kohlen bedecken. Das Ganze solange kochen lassen, bis die Kartoffeln gar sind (ca. 40 Minuten).
3. Den Käse darüber streuen und warten, bis er zerlaufen ist.
4. Die Dutch-Oven-Kartoffeln möglichst heiß servieren, ob als Beilage oder Hauptgericht, bleibt jedem selbst überlassen.

HINWEISE:

Ein Zweig Rosmarin, Pizzagewürz und italienischer Käse zum Überbacken geben dem Gericht eine mediterrane Note.

Neue Kartoffeln müssen nicht geschält, sondern nur sauber gebürstet werden.

IRISCHES SODABROT

In Irland ist ein Brot, das mit Soda (alter Begriff für Natron) gebacken wurde, ein Stück Tradition. Die Iren waren früher gerade auf dem Land sehr arm und ein solches Brot war neben dem eintönigen Getreidebrei eine angenehme Abwechslung. Wichtig ist die hohe Qualität des Mehls, diese entscheidet bei den wenigen Zutaten über den Geschmack.

Zutaten für 1 Laib

500 g Weizenmehl Type 1050 oder noch besser frisch gemahlenes grobes Vollkornmehl
2 TL Natron
3 EL Butter
1 TL Zucker
1 TL Salz
ca. 350 ml Buttermilch

6-8 l

SO WIRD'S GEMACHT

1. Zuerst müssen Sie den Dutch Oven mit wenig Hitze von unten und mittlerer Hitze von oben vorheizen.
2. Geben Sie alle trockenen Zutaten und die Butter in eine Schüssel und arbeiten Sie die Butter mit den Händen ein, bis sie nicht mehr zu sehen ist. Geben Sie die Buttermilch dazu, bis ein glatter, weicher Teig entstanden ist, der nicht mehr auseinanderfließt. Da hier die Qualität des Mehls darüber entscheidet, wie viel Flüssigkeit der Teig aufnimmt, stellt die Menge von 350 ml nur einen Richtwert dar, nehmen Sie mehr oder weniger – je nach Gefühl und Bedarf.
3. Zum Backen formen Sie einen runden Laib und geben diesen in den gefetteten und mit Mehl bestäubten Dutch Oven. Schneiden Sie ein tiefes Kreuz in die Oberfläche. Besprühen Sie die Oberfläche und die Innenseiten des Dutch Ovens mit Wasser, um ein feuchtes Klima zu erzeugen.
4. Nach 45–50 Minuten sollte der Laib gut durchgebacken sein und beim Klopfen hohl klingen. Brechen Sie das Brot entlang des eingeschnittenen Kreuzes in vier Teile und servieren Sie es warm mit Butter und Marmelade, zum Beispiel zum heißen Tee.

MAC'N'CHEESE

Diese Beilage ist ein Muss auf jedem amerikanischen BBQ-Buffet. Die Makkaroni lassen sich auch schon einen Tag vorher kochen, dann müssen Sie diese allerdings unter fließendem Wasser abspülen und einölen, damit sie nicht zusammenkleben.

Zutaten für 4 Portionen

300 g Hörnchennudeln oder Makkaroni, al dente gekocht
3 EL Butter
3 EL Mehl
3 Tassen Milch
2 Tassen Cheddar oder Emmentaler (wer es milder mag), gerieben
Pfeffer und Salz

Für die Kruste

1 Tasse Paniermehl
3 EL Butter
½ Tasse Parmesan, gerieben

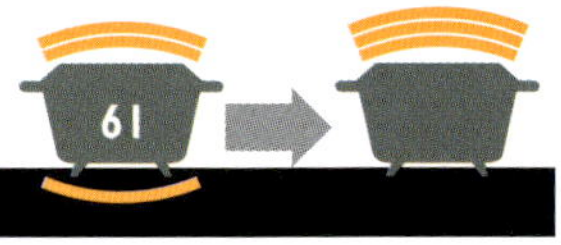

SO WIRD'S GEMACHT

1. Kochen Sie die Nudeln bissfest und gießen Sie das Wasser ab. Schmelzen Sie die Butter im Dutch Oven und geben Sie das Mehl dazu, warten Sie, bis die Mischung etwas Farbe angenommen hat.
2. Fügen Sie die Milch hinzu und streuen Sie nach und nach den Käse in den Topf, sodass sich eine dicke Sauce bildet. Schmecken Sie mit Pfeffer und Salz ab. Sie dürfen ruhig etwas überwürzen, denn die Nudeln nehmen viel Geschmack auf.
3. Geben Sie die heißen Nudeln in den Dutch Oven und rühren Sie alles gut unter.
4. Für die Kruste schmelzen Sie in einer Pfanne (oder dem Deckel des Dutch Ovens) die zweite Portion Butter und rühren das Paniermehl und den Parmesankäse unter – warten Sie, bis die Masse etwas bräunt.
5. Geben Sie die Paniermehl-Mischung auf die Nudeln und backen Sie diese mit wenig Hitze unten und mittlerer Hitze oben zunächst 15 Minuten, damit die Masse auch unten heiß wird.
6. Geben Sie zum Ende hin alle Kohlen auf den Deckel, bis die Kruste goldbraun und knusprig ist.

PARTYSONNE

Eine Partysonne besteht aus einzelnen Brötchen eines Teiges, die mit verschiedenen Körnern bestreut sind und beim Backen zusammenkleben. Sie lassen sich so schön präsentieren und die Gäste brechen sich einzelne Brötchen an den „Sollbruchstellen“ ab. Am besten gelingen diese, wenn sie in einem flachen Dutch Oven mit 16 Zoll (ca. 10 Liter) gebacken werden.

Zutaten für 6–8 Portionen

1 kg Mehl Type 550
2 Pkt. Trockenhefe
1 EL Zucker
1 EL Salz
600 ml lauwarmes Wasser oder halb Wasser, halb Milch
100 ml Olivenöl
1 Eigelb zum Bestreichen

Zum Bestreuen

Mohn, Sonnenblumenkerne, Sesam, Kümmel, grobes Salz, geriebener Käse, gebratene Speckwürfel, Röstzwiebeln, etc.

SO WIRD'S GEMACHT

1. In einer Schüssel mischen Sie die trockenen Zutaten und geben nach und nach das Wasser hinzu, bis sich ein geschmeidiger Teig ergibt. Diesen kneten Sie so lange, bis er sich von der Schüsselwand löst.
2. Lassen Sie ihn gehen, bis er sich verdoppelt hat. Dann kneten Sie den Teig kurz durch und formen Kugeln, etwa von der Größe zwischen Golf- und Tennisball.
3. Diese rollen Sie entweder auf dem Tisch, um sie zu durchwirken und Spannung in den Teig zu bekommen, oder Sie falten die Seiten nach innen.
4. Die einzelnen Brötchen bestreichen Sie mit dem verquirlten Eigelb und tauchen diese Seite dann in die Körner, die vorher auf kleinen Tellern nach Sorten verteilt wurden. Durch die Eigelbmasse bleiben die Körner kleben.
5. Setzen Sie die Brötchen in den gefetteten und mit Mehl ausgestäubten Dutch Oven. Die Brötchen sollten sich gerade knapp berühren, damit sie beim zweiten Gehen im Topf zusammenstoßen und dann die Partysonne bilden.
6. Nach dem zweiten Gehen im Topf backen Sie die Brötchen je nach Dicke zwischen 30 und 45 Minuten, mit wenig Hitze von unten und mittlerer Hitze von oben.

POLENTA

In jeder Kultur gab und gibt es ein Hauptgericht aus Getreide. Polenta ist so ein Gericht und gilt als „Arme-Leute-Essen", das in Italien meist in großen Mengen gekocht und am nächsten Tag in Scheiben geschnitten in Fett gebraten wird. Traditionell wird Polenta mit Sugo oder, wenn es vegetarisch sein soll, mit Pilzsauce serviert. Bei diesen einfachen Gerichten mit wenigen Zutaten kommt es auf die Qualität der einzelnen Zutaten an. Je besser sie sind, desto besser schmeckt das Essen.
Man braucht einen hohen Topf und einen langen, stabilen Löffel, mit dem man gut und kräftig rühren kann. Polenta, die nur aus Maisgrieß und Wasser besteht, ist nicht sehr attraktiv, deshalb sollte man dem Kochwasser ausreichend Brühe hinzufügen.

Zutaten für 6–8 Portionen

500 g Maisgries
2 l Brühe oder Wasser
2 EL Salz
200 g Parmesan
Wasser zum Nachgießen

81

SO WIRD'S GEMACHT

1. Schütten Sie die Brühe in einen Dutch Oven. Geben Sie das Salz und den Maisgries hinzu und erhitzen Sie alles unter ständigem Rühren bis zum Kochen. Dabei dickt die Polenta an.
2. Gießen Sie nach und nach Brühe oder Wasser hinzu, bis die cremige Konsistenz der typischen italienischen Polenta erreicht ist. Das dauert etwa 20 Minuten, aber das ständige Rühren lohnt sich.
3. Geben Sie den Parmesan dazu und rühren Sie ihn unter. Dann lassen Sie die Polenta mit Deckel noch 15 Minuten stehen.
4. Die Polenta wird traditionell in die Mitte des Tisches direkt auf die Holzplatte gestürzt, mit einer Hackfleisch- oder Pilz-Tomatensauce begossen und mit Parmesan bestreut.

HINWEIS:

Die restliche Polenta wird hart, wenn sie erkaltet. Diese Polenta können Sie mit einem dünnen Faden in Schnitten schneiden und zur nächsten Mahlzeit in Butter anbraten. Entweder süß mit Zimt und Zucker oder herzhaft mit Parmesan genießen.

SPOTTED DOG (MILCHREIS)

Auf den Viehtrecks gab es nicht nur Bohnen und Speck, die Cowboys hatten auch einen „süßen Zahn". Und so hatte der Coosie, der Koch, immer ein paar Dosen Kondensmilch dabei – oder man führte eine Milchkuh mit, die man melken konnte. Dann gab es Reis, Rosinen und getrocknete Aprikosen. Daraus konnte man ein ausgezeichnetes Dessert zubereiten. Wegen seiner Farbe nannte man ihn Spotted Dog, weil er wie das Fell eines Dalmatiners aussieht. Die Rosinen haben in der Freiluftküche noch einen anderen Grund: Da man nie ausschließen kann, dass ein Stückchen Asche den Weg in den Topf findet, fällt das nicht mehr auf, weil die Bewirteten es auch für Rosinen halten.

Zutaten pro Person

½ Tasse Milchreis
1 Tasse Milch
Zucker nach Geschmack
einige Rosinen
Zucker und Zimt zum Bestreuen
zerlassene Butter, nach Geschmack

Aprikosen-Sauce

getrocknete Aprikosen
Wasser
Zucker, nach Geschmack
Zimtstange
evtl. Mehl zum Binden

n. Wahl

SO WIRD'S GEMACHT

1. Geben Sie den Reis und die Rosinen mit der Milch und dem Zucker in den Dutch Oven und erhitzen Sie ihn vorsichtig, damit die Milch nicht aufschäumt oder anbrennt. Sie müssen dabei immer rühren. Wenn der Reis fast gar ist, können Sie den Dutch Oven in eine Thermobox stellen und mit Decken oder Stroh gut isolieren. So geschlossen gart der Reis noch wenigstens eine Stunde nach.
2. Achten Sie darauf, dass der Reis immer feucht genug ist, gegebenenfalls müssen Sie Milch oder Sahne nachgießen.
3. Für die Sauce hacken Sie die getrockneten Aprikosen und weichen diese mit etwas Wasser ein. Das kann ruhig am Vorabend geschehen. Dann bringen Sie die Aprikosen mit dem Einweichwasser, Zucker und einer Zimtstange zum Kochen. Sollte die Sauce nicht von selber sämig werden, rühren Sie etwas Speisestärke oder Mehl in Wasser glatt und geben diese Mischung zu der Sauce. Nach dem erneuten Aufkochen sollte sie andicken.
4. Ein richtiges Dessert wird es, wenn man den Milchreis mit flambierten Sauerkirschen oder gegrilltem Obst und Karamellsauce (aus Russischer Dosenmilch) serviert.

HINWEIS:

Kochen in der Kochkiste

Der Vorteil von Milchreis ist, dass man ihn den ganzen Tag in einer Kochkiste sich selbst überlassen kann, ohne dass er anbrennt oder umgerührt werden muss. Am einfachsten funktioniert es mit einer Kühlbox, in die man den Topf mit dem Milchreis stellt, nachdem er fünf Minuten gekocht hat. Den restlichen Raum füllt man mit einem Schlafsack aus, um die Box möglichst gut zu isolieren. Nach ein paar Stunden ist der Milchreis gar. Mit gebräunter Butter, Zimt und Zucker oder Ahornsirup servieren.

SÜSSES

BRATÄPFEL

Äpfel gibt es eigentlich überall und am einfachsten macht man aus ihnen Bratäpfel, ein Dessert, das leider fast in Vergessenheit geraten ist. Bei uns sind Bratäpfel ein beliebtes Gericht, wenn im Winter viele Leute zum Glühweintrinken kommen. Es ist warm und man kann sich an der Schüssel die Finger wärmen. Außerdem macht es Lust auf Weihnachten und vor allem ist es nicht so teuer, obwohl es sehr lecker ist. Das ist wichtig, denn bei den beliebten „Lebendigen Adventskalendern“ sollten keine hochwertigen Speisen serviert werden, um einen Überbietungswettbewerb zu vermeiden. Je nach Möglichkeit und Ausstattung gelingen sie im Dutch Oven oder sogar in einer Blechdose, die neben das Lagerfeuer gestellt wird.

Zutaten pro Person

1 Apfel, Boskop oder Cox Orange
Zucker und Zimt
Zerlassene Butter
Honig nach Belieben
Füllung nach Belieben: Nüsse, Marzipan, Marmelade, Preiselbeeren etc.
Zum Servieren: Vanillesauce, Sahne, süße Kondensmilch oder Eierlikör, nach Wahl

n. Wahl

SO WIRD'S GEMACHT

1. Entfernen Sie das Kerngehäuse und füllen Sie das entstandene Loch nach Herzenslust mit Nüssen, Marzipan, Marmelade oder Preiselbeeren.
2. Abschließend mit Zucker bestreuen oder mit Honig glasieren und so lange garen, bis der Apfel leicht zusammenfällt.
3. Mit Vanillesauce, flüssiger Sahne oder süßer Kondensmilch übergießen und noch heiß genießen.
4. Die Erwachsenen bekommen Eierlikor dazu serviert.

HINWEISE:

Im Dutch Oven am Lagerfeuer zubereitete Bratäpfel sind eine preiswerte und leckere Mahlzeit, nicht nur für Kinder.

Als Getränk passt heißer Apfelsaft mit einer Weihnachts-Note. Dazu vier bis fünf Liter reinen Apfelsaft mit einer Zimtstange und einem Sternanis erhitzen. Einfach, günstig und gesünder als industrieller „Kinderpunsch“

COWBOY-PUDDING MIT WHISKEY-SAUCE

Saftiger Cowboy-Pudding

Cowboy-Pudding ist ein echtes „Arme-Leute-Essen", denn die Grundlage ist altbackenes Weißbrot wie Toastbrot oder Hamburger-Buns. Sie können auch frische Toastbrotscheiben einzeln auf einen Tisch legen und einige Stunden antrocknen lassen, aber am leckersten ist der Pudding mit frischem Brioche-Brot, von den 400-Gramm-Packungen passen genau drei in einen FT9 (7,5 Liter Inhalt).

Zutaten für 6–8 Portionen

500 ml Milch
1 TL Vanille-Backaroma
1 TL Zimtpulver
½ TL Muskatnuss, gerieben
250 g Zucker
1 Prise Salz
125 g Butter (½ Stück)
4 Eier
3 Packungen Brioche-Hefezopf a 400 g.
Butter, zum Bestreuen
Zimt und Zucker, zum Bestreuen

Whiskey-Sauce

150 g Butter
250 g Zucker
2 Becher Sahne
Whiskey nach Geschmack (100–200 ml)

6–8 l

SO WIRD'S GEMACHT

1. Geben Sie die Gewürze, den Zucker, das Salz und die Butter in die Milch und erwärmen Sie diese, bis die Butter geschmolzen ist. Dann lassen Sie die Milch abkühlen, rühren die Eier ein und mischen alles gut durch.
2. Das Brot wird in etwa 2 x 2 cm große Stücke gerissen und in einen Dutch Oven gegeben. Drücken Sie die Masse fest und übergießen Sie alles mit der Mich-Eier-Mischung. Die Brotstücke sollten noch als solche zu erkennen sein und die Masse sollte sich „erdfeucht", also nicht nass, anfühlen.
3. Auf die Masse setzen Sie noch Butterflocken und bestreuen sie reichlich mit Zimt und Zucker.
4. Backen Sie die Masse bis sie fest, aber nicht trocken ist. Das sollte 30–45 Minuten dauern. Achten Sie auf die Unterhitze, damit der Teig nicht anbrennt.
5. Bereiten Sie in der Zwischenzeit die Whiskey-Sauce zu: Schmelzen Sie die Butter in einem kleinen Dutch Oven, geben Sie den Zucker und die Sahne dazu und lassen Sie die Masse unter ständigem Rühren kurz aufkochen. Dabei sollte sie etwas anziehen und sämiger werden. Geben Sie erst jetzt den Whiskey dazu, damit nicht so viel vom Alkohol verdampft. Für Gäste, die keinen Alkohol trinken, geben Sie zunächst die Sauce so aus und fügen dann erst den Whiskey hinzu. Diese Sauce teilt sich schnell wieder und muss daher immer frisch gemacht werden.

VARIANTE:

Geben Sie in den Cowboy-Puddingteig in Rum eingelegte Rosinen und nutzen Sie für die Sauce den Rum vom Einlegen, statt des Whiskeys.

ANANAS-UPSIDE-DOWN-KUCHEN

Der Ananas-Upside-Down-Kuchen ist ein schnelles Rezept. Die Früchte werden unten in den Topf gelegt und mit dem Teig übergossen. Nach dem Backen wird der Topf gestürzt und die Unterseite kommt nach oben, davon leitet sich der Name ab.

Zutaten für 4–6 Portionen

1 Dose (425 ml) Ananas in Scheiben
1 Glas Maraschino- oder Amarena-Kirschen
100 g Butter
100 g brauner Zucker

Für den Teig

200 g Mehl Type 405
200 g Butter
100 g Zucker
1 Pkt. Vanillezucker
4 Eier
1 Pkt. Backpulver
1 Prise Salz
Saft der Ananasdose

SO WIRD'S GEMACHT

1. Für das Backen in einem flachen Dutch Oven schmelzen Sie die Butter und den Zucker direkt im Topf. Dann legen Sie die Ananasscheiben auf dem Boden aus und in die Mitte und in die Zwischenräume die Kirschen.
2. Für den Teig schlagen Sie die weiche Butter mit den Eiern und dem Zucker schaumig, rühren dann das Mehl, den Vanillezucker, das Salz und das Backpulver ein. Mit dem aufgefangenen Saft aus der Ananasdose stellen Sie die Konsistenz des Teiges ein, er soll etwas fester als Waffelteig sein.
3. Mit einem Spachtel oder einer Teigkarte geben Sie den Teig vorsichtig auf die Früchte. Mit wenig Hitze von unten und mittlerer Hitze von oben backen Sie den Teig 30–40 Minuten. Hier ist es entscheidend, nicht so sehr auf die Zeit zu achten, sondern auf den Zustand des Teiges. Verlassen Sie sich besser auf die Stäbchenprobe.
4. Nach dem Backen lassen Sie den Kuchen etwas abkühlen, lösen ihn vom Rand und stürzen ihn aus dem Dutch Oven.

JACKS EIERLIKÖR-KUCHEN

Superleckerer Eierlikör-Kuchen

Dieser Kuchen ist leicht zu mischen und eignet sich daher hervorragend zum Backen unter schwierigen Bedingungen. Er muss nicht geknetet werden, was ihn besonders für das Backen im Freien geeignet macht. Ich mische die trockenen und abgewogenen Zutaten schon zu Hause zusammen und gebe sie mit den ganzen Eiern in einen Plastikbehälter, sodass ich ihn schnell fertigmachen und backen kann. Beim Schaukochen serviere ich den Kuchen gerne mit einem großen Löffel, frisch aus dem Dutch Oven ist er nicht zu heiß, sodass ich ihn den Gästen direkt in die Hand geben kann. Das spart Abfall und der Kuchen bleibt lange frisch und saftig.

Zutaten

500 g Mehl Type 405
250 g brauner Zucker
5 Eier
1 Pkt. Vanillezucker
300 ml Öl
300 ml Eierlikör
1 Pkt. Backpulver

SO WIRD'S GEMACHT

1. Geben Sie die trockenen Zutaten in eine Schüssel und schlagen Sie die Eier dazu, dann kommt noch der Eierlikör und das Öl dazu. Rühren Sie alles mit einem Schneebesen durch. Dabei nicht zu lange mischen, sonst wird der Teig nicht so locker, weil das Backpulver schon verbraucht ist.
2. Heizen Sie den leeren Dutch Oven mit starker Hitze von oben und unten vor, damit er wirklich heiß ist.
3. Geben Sie den Teig zügig in den heißen Dutch Oven, er sollte am Rand gleich anfangen zu köcheln. Das verhindert, dass er später im Topf klebt. Es bildet sich sofort eine leichte Kruste, das ist gewollt.
4. Backen Sie mit wenig Hitze von unten und mittlerer Hitze von oben, bis man den Kuchen riechen kann, erst dann öffnen Sie den Deckel und prüfen mit der Stäbchenprobe, ob der Kuchen durchgebacken ist.
5. Am besten schmeckt der Kuchen frisch aus dem Topf mit einem heißen Lagerfeuer-Kaffee.

KIRSCHMICHEL

Kirschmichel ist eine traditionelle Speise und wird vor allem in der Pfalz, Baden-Württemberg, Südbayern, Südhessen und Franken serviert. Bei diesem Gericht werden angefallene Reste an Brötchen und Weißbrot verbraucht, die mit Butter, Milch, Ei und Zucker zu einem Teig verarbeitet werden. Zum Würzen können zusätzlich Mandeln und Gewürznelken verwendet werden. In einigen Regionen wird Kirschmichel als Hauptgericht serviert.

Zutaten

400 ml Milch, evtl. mehr

5 Brötchen vom Vortag oder die gleiche Menge Weißbrot

2 Gläser Kirschen, abgetropft, es geht auch mit frischen oder tiefgekühlten Kirschen

3 Eier

2 EL Zucker

2 EL Vanillezucker

1 Zitrone, der Abrieb

2 EL Butter

½ TL Zimt

Salz

Butterflocken und Mandelblättchen zum Belegen

SO WIRD'S GEMACHT

1. Schneiden Sie die Brötchen in fingerdicke Scheiben und übergießen Sie diese mit der lauwarmen Milch. Wenden Sie die Brötchen ab und zu, sodass sie sich gleichmäßig mit der Milch vollsaugen.
2. Trennen Sie die Eier und schlagen Sie das Eiweiß mit einer Prise Salz steif. In einer anderen Schüssel schmelzen Sie die Butter und schlagen diese mit dem Zucker, dem Vanillezucker, dem Eigelb und dem Zitronenabrieb schaumig.
3. Geben Sie die Kirschen und die Brötchen dazu und mischen alles vorsichtig durch. Dann heben Sie den Eischnee darunter und geben alles in den gebutterten Dutch Oven.
4. Bestreuen Sie die Masse mit Zimt und Mandelblättchen und geben Sie reichlich Butterflocken darüber.
5. Backen Sie den Kirschmichel rund 45 Minuten mit wenig Hitze von unten und mittlerer Hitze von oben. Am besten schmeckt er warm aus dem Topf mit Vanillesauce.

PFIRSICH-COBBLER

Hierbei handelt es sich um DIE Dutch-Oven-Nachspeise schlechthin! Unglaublich einfach herzustellen und ein Hit bei Kindern und Naschkatzen. Bei den Viehtrecks waren getrocknete Aprikosen immer dabei, und aus diesen zauberte der Koch eine Nachspeise. Für diese Variante nehmen wir Pfirsiche aus Dosen, es geht aber auch mit anderen Früchten, wobei sich die Pfirsiche aber durchgesetzt haben.

Zutaten für 4–6 Portionen

300 g Mehl
150 g Zucker
½ TL Salz
2-3 TL Backpulver
250 ml Milch oder Buttermilch
150 g geschmolzene Butter
2 große Dosen Pfirsiche
Butterflocken
etwas braunen Zucker

SO WIRD'S GEMACHT

1. Das Mehl, den Zucker, das Salz und das Backpulver mischen. Die Milch und die geschmolzene Butter hinzugeben und mit einem Schneebesen glattrühren.
2. Die Pfirsiche und den Saft einer Dose in den Dutch Oven geben. Den Teig in einer gleichmäßigen Schicht auf die Früchte geben und mit einigen Butterflocken und etwas braunem Zucker bestreuen.
3. Mit wenig Unterhitze backen, bis die Früchte einmal aufkochen. Den Dutch Oven schließen und viele Kohlen auf den Deckel geben. Mit der Oberhitze weiterbacken, bis der Teig eine braune Kruste bekommt. Wenn Sie zu viele Kohlen unten behalten, dann blubbert die Pfirsichmasse und verhindert so, dass der Teig oben zu einer schönen Kruste gebacken wird

HINWEIS:

Der warme Cobbler ist mit Pfirsichlikör und Eis ein Hochgenuss.

ZIMTSCHNECKEN

Spezialität des Hauses

81

Jedes Restaurant hat eine Spezialität des Hauses, in Amerika „Signature dish" genannt. Und wenn es eine Spezialität für den Dutch-Oven-Bäcker gibt, dann sicherlich Zimtschnecken.
Die Grundlage ist ein Hefeteig aus Weizenmehl, Butter, Milch, Zucker, Salz und Hefe.
Jede der einzelnen Zutaten hat seinen Sinn und seine spezielle Aufgabe im Teig, und kann daher nicht einfach weggelassen werden, ohne dass das Ergebnis in Gefahr gerät. Da dieses Gericht nicht nur gut schmeckt, sondern auch etwas an Geschick verlangt, und dann noch fantastisch aussieht, sind gelungene Zimtschnecken quasi der Ritterschlag des Backens am Lagerfeuer.
Die Füllung ist das, was den eigentlichen Geschmack der Zimtschnecken ausmacht, je mehr Füllung und je saftiger, desto besser schmeckt die Zimtschnecke. Hier können Sie Ihrer Kreativität freien Raum lassen. Wer keine Kokosraspeln mag oder verträgt, der nimmt gehackte Mandeln oder geröstete Haferflocken.

Zutaten für 8–10 Portionen

75 g Butter, geschmolzen
250 ml Milch
500 g Weizenmehl Type 405
75 g Zucker
1 Pkt. Hefe
1 Prise Salz

Füllung

75 g brauner Zucker
75 g Kokosraspel
1 TL Zimt
1 EL Kakaopulver
75 g Rosinen
Rum, nach Bedarf
60 g Butter, geschmolzen

SO WIRD'S GEMACHT

1. Legen Sie am Vortag die Rosinen für die Füllung im Rum ein.
2. In einer Schüssel schmelzen Sie zunächst die Butter in der Milch, das geht gut am Lagerfeuer oder mit ein paar Kohlen. Die Flüssigkeit soll aber nicht zu heiß werden, weil sonst die Hefe abgetötet werden könnte. In einer Schüssel mischen Sie die trockenen Zutaten.
3. Geben Sie die warme Milch-Butter-Masse dazu und kneten den Teig, bis er sich von der Schüssel löst und fest und geschmeidig ist. Dann den Teig 1 Stunde gehen lassen, bis er doppelt so hoch aufgegangen ist. Bei warmem Wetter und Sonne reicht es, den Dutch Oven in die Sonne zu stellen, bei kaltem Wetter geben Sie je nach Größe des Topfes 2–3 Kohlen auf den Deckel. Sie brauchen etwa 50 °C im Topf.
4. Mischen Sie die trockenen Zutaten für die Füllung mit den abgetropften Rosinen und der zerlassenen Butter. Mit dem Rum stellen Sie die Feuchtigkeit ein, die Masse sollte „erdfeucht" sein.
5. Bereiten Sie den Dutch Oven vor, indem Sie ihn leicht einölen und mit Mehl bestäuben. Vergessen Sie die Seiten nicht. Bei einer intakten Patina und gut mit Mehl bestäubt lösen sich die Zimtschnecken ganz von alleine, Sie brauchen den Topf nicht mit Backpapier auszulegen.
6. Rollen Sie den Teig auf einer gut bemehlten Arbeitsfläche flach aus und bestreichen Sie ihn mit der Füllung. Dann rollen Sie den Teig zu einer langen Rolle auf und schneiden Scheiben davon ab. Hier müssen Sie ein bisschen probieren, denn je nach Teigmenge und Größe vom Dutch Oven brauchen Sie unterschiedlich viele Scheiben. Diese sollen nebeneinander gelegt mit etwas Abstand den Topfboden ausfüllen.
7. Lassen Sie den Teig dort noch einmal gehen, bis er wiederum die doppelte Höhe erreicht hat und den Topfboden komplett ausfüllt.
8. Backen Sie die Zimtschnecken mit wenig Hitze unter dem Dutch Oven und viel Hitze auf dem Deckel 30–40 Minuten goldgelb.
9. Sie können Sie Zimtschnecken entweder warm aus dem Dutch Oven löffeln und mit Vanillesauce genießen, oder abkühlen lassen, aus dem Topf nehmen und mit Aprikosenmarmelade bestreichen, damit sie schön glänzen. Als Zuckerguss können Sie Orangensaft mit Puderzucker verrühren und aufstreichen.

HINWEIS:

Statt Zimt können Sie auch andere Füllungen verwenden, wie beispielsweise Früchte oder Aufstriche (Marmelade, Nuss-Nougat-Creme, Honig) oder Marzipan mit Schokostreuseln.

FEUERZANGENBOWLE

Eigentlich hat jeder schon einmal eine Feuerzangenbowle getrunken, oder zumindest den alten UVA-Film mit Heinz Rühmann gesehen. Aber woher hat die Feuerzangenbowle eigentlich ihren Namen? Ganz einfach, von der Feuerzange. Dabei handelt es sich aber ursprünglich nicht um ein spezielles Gerät, um den Zuckerhut auf dem Topf zu halten, sondern sie war früher üblich, um glühende Kohlestückchen aus dem Feuer zu nehmen, um sich die Pfeife anzuzünden, oder ein Kohlebecken oder ein Weihrauchgefäß zu füllen. Diese Zange ist nicht so lang wie ein normales Kaminbesteck, sondern nur 25–30 cm. Solange ein Feuer brennt, benötigt man keine Streichhölzer. Diese ursprüngliche Feuerzange wurde einfach über einen Kessel mit Bowle gelegt, darauf ein Zuckerhut, der dann mit Alkohol übergossen und angezündet wurde - eigentlich wie heute.

Zutaten

5 l Rotwein

1 l Orangensaft mit Fruchtfleisch, wer es aufwendiger mag: 2 Orangen und 2 Zitronen

1 Zuckerhut

½ Flasche Rum 54 Vol.-%

2 Sternanis

10 Nelken

2 Stangen Zimt

Zubehör

Dreibein

Halter für Zuckerhut

Handschuhe

81

SO WIRD'S GEMACHT

1. Erhitzen Sie zunächst den Rotwein und den Orangensaft im Dutch Oven und geben Sie die Gewürze dazu, das kann mit vielen Kohlen unten oder hängend über einem Feuer geschehen. Dabei darf die Flüssigkeit aber nicht kochen. Für die aufwendige Variante müssen Sie statt des Orangensaftes die Orangen und Zitronen dünn schälen und die Schale zum Rotwein geben, das jeweilige Fruchtfleisch in dünne Scheiben schneiden und dazugeben oder auspressen und den Saft hinzufügen.
2. Legen Sie den kalten Deckel auf den Tisch und stellen Sie den heißen Dutch Oven auf den Deckel. Bringen Sie die Halterung für den Zuckerhut an. Dann legen Sie den Zuckerhut in die Halterung und übergießen diesen mit Rum, damit er sich richtig vollsaugen kann und der Rum nicht gleich in den Wein tropft.
3. Zünden Sie den durchtränkten Zucker an und lassen Sie ihn abbrennen. Sie müssen während des Abbrennens mehrfach nachschenken. Ein ganz wichtiges Zubehör sind Hitzeschutz-Handschuhe, denn das Zuckersieb wird heiß und muss entfernt werden, bevor man an die Bowle kommt

SICHERHEITSHINWEIS

Niemals den Rum direkt aus der Flasche auf den Zuckerhut gießen, die Flasche könnte Ihnen in der Hand explodieren. Nehmen Sie immer eine Kelle, um den Rum über den Zucker zu geben. Stellen Sie einen 10-Liter-Eimer mit kaltem Wasser bereit und tauchen Sie die Kelle jedes Mal, bevor Sie Rum nachgießen, dort hinein, um sie abzukühlen und die Flammen zu löschen. Zu Ihrer Sicherheit halten Sie immer einen Feuerlöscher und eine Löschdecke bereit, denn: „Besser haben und nicht brauchen als brauchen und nicht haben!"

VOM GLEICHEN AUTOR ERSCHIENEN

160 Seiten, Hardcover,
210 x 260 mm,
ISBN 978-3-95843-488-2
€ 19,99

160 Seiten, Hardcover,
210 x 260 mm
ISBN 978-3-95843-874-3
€ 22,–

144 Seiten, Hardcover,
210 x 260 mm,
ISBN 978-3-95843-986-3
€ 19,99

80 Seiten, Softcover,
183 x 225 mm,
ISBN 978-3-95843-179-9
€ 12,99

160 Seiten, Softcover,
183 x 225 mm,
ISBN 978-3-95843-771-5
€ 18,–

192 Seiten, Softcover,
140 x 210 mm,
ISBN 978-3-95843-048-8
€ 19,99

Unser komplettes Programm finden Sie in jeder Buchhandlung und unter www.heel-verlag.de